Der
große
COTTBUS-
Bildband

Herausgegeben von der
Touristischen Informationseinrichtung
cottbus-information
im Auftrag des Rates der Stadt Cottbus

Der große COTTBUS-Bildband

Wolfgang Drescher
Jürgen Kaffka
Reinhard Seidler

Berlin

Der Bildband ist eine Gemeinschaftsarbeit von *Wolfgang Drescher* (Bild), *Jürgen Kaffka* (Bild) und *Reinhard Seidler* (Text)
unter Leitung der Touristischen Informationseinrichtung cottbus-information.

ISBN 3-327-01027-7

1. Auflage

Lizenz-Nr. 5
Printed in the German Democratic Republic
Satz, Repro und Druck: Druckerei des Ministeriums für Nationale Verteidigung (VEB) – Berlin – 3 2408-9
Buchbinderische Weiterverarbeitung: INTERDRUCK Graphischer Großbetrieb Leipzig – III/18/97
Lektor: Hartwig Eisel
Gesamtgestaltung: Wolfgang Ritter
Redaktionsschluß: 15. November 1988
LSV: 5219
04500

Inhalt

Einladung in Blau-Weiß

Viele Wege führen nach Rom und einige auch nach Cottbus. Per Auto, Fahrrad, Eisenbahn ... Wer auf dem Schienenweg nach Cottbus kommt, kann eine erste Überraschung erleben.

Noch vor zwanzig Jahren waren viele Reisende, wenn sie hier den Zug verließen, unsicher geworden. War das nun ein »Halt auf freier Strecke« oder wirklich der Bahnhof einer Bezirksstadt? Der provisorische Bau, eine traurige Hinterlassenschaft des Krieges, wirkte in der Tat wenig anziehend und veranlaßte 1970 die satirische Wochenzeitschrift »Eulenspiegel« zu einigen drastischen Bemerkungen. Heute aber, so möchte ich behaupten, wird wohl den meisten der 30000 Reisenden, die täglich den Bahnhof passieren, die Ankunft leicht und der Abschied schwer gemacht. Nicht nur des 1978 der Öffentlichkeit übergebenen Empfangsgebäudes wegen, einer großzügig gestalteten Einladung in Blau-Weiß. Cottbus hält für seine Gäste noch manch andere Überraschung bereit.

Mit dem Pkw können Sie die Stadt an der Spree auf sechs Fernverkehrsstraßen aus allen Himmelsrichtungen erreichen, ebenso über die Autobahn. Und welche der beiden Autobahnabfahrten Sie auch benutzen: In Richtung Stadtzentrum kommen Sie auf jeden Fall an den Ausläufern eines weiträumig und großzügig gestalteten Neubaugebietes vorbei. Der Stadtteil Sachsendorf/Madlow mit seinen 40000 Einwohnern ist Zeugnis für das stürmische Wachstum der einstigen »Streusandbüchse der Lausitz«, wie Cottbus zu Zeiten seines Daseins als verträumtes Provinzstädtchen auf kargem Sandboden genannt wurde.

Die Bilder dieser Stadt sprechen für sich. Davon können Sie sich beim Durchblättern dieses Bandes überzeugen. Und wenn ich Ihnen jetzt eine kleine Einführung anbiete, so sollen Sie sich in Ihrem ungeteilten Seh-Vergnügen nicht beeinträchtigen lassen.

Hand aufs Herz, haben Sie jemals andere Bildbände von vorn bis hinten gelesen? Ja? Dann darf auch ich mit Ihrer Aufmerksamkeit rechnen. Lassen Sie mich also von dem erzählen, was Ihnen die Bilder nicht auf Anhieb offenbaren.

Schnelles Wachstum einer 800jährigen

Um Cottbus geht es also. Schlagen wir zuerst im Lexikon nach: »Cottbus, sorbisch Chośebuz: Bezirksstadt (77 m ü. M.), Stadtkreis und Kreisstadt am Südostrand des Spreewaldes, an der Spree gelegen, politisch-ökonomisches, wissenschaftlich-technisches und geistig-kulturelles Zentrum (des Bezirkes Cottbus); (1971) 82897 Einwohner ...«

Doch halt! Spätestens hier stößt der DDR bisher umfangreichstes Lexikon, der ansonsten keineswegs angestaubte »Große Meyer« in achtzehn Bänden, an die Grenzen der Aktualität! Schon am 31. Dezember 1987 wurden 128136 Einwohner gezählt, und für 1990 rechnen die Statistiker mit 132000. In den letzten zwanzig Jahren ist die über 800jährige Stadt also um rund 50000 Einwohner gewachsen. Von 1950 bis heute hat sich die Einwohnerzahl sogar mehr als verdoppelt. Das wiederum hängt mit der wirtschaftlichen Entwicklung der Stadt und des Bezirkes zusammen.

Der von den deutschen Faschisten angezettelte zweite Weltkrieg 1939 bis 1945 hatte nur Trümmer hinterlassen. Um so beeindruckender sind die Ergebnisse, die im mühevollen Aufbauwerk bis heute erreicht worden sind. Cottbus hat dabei ein besonderes Entwicklungstempo vorgelegt. Den stärksten Bevölkerungszuwachs unter allen Städten unserer Republik erlebte die Bezirksstadt von 1966 bis 1975.

Besonders augenfällig wird die Entwicklung in der tiefgreifenden Veränderung des Stadtantlitzes in dieser verwunderlich kurzen Zeit. Eine Wandlung, die die meisten Cottbuser aus eigenem Erleben bestätigen können – eingeschlossen jene, die sich in den letzten Jahren hier niedergelassen haben oder hier geboren wurden. Und natürlich auch die Gäste der Stadt, die in mehr oder minder großen Zeitabständen die Fortschritte verfolgen konnten.

Das Wachstum verdankt die Stadt an der Spree den reichen Braunkohlelagerstätten in der Lausitz. Fast 70 Prozent aller Braunkohlenvorräte unseres Landes lagern im östlichen Teil des Bezirkes.

Das 1957 von der Regierung der DDR verkündete Kohle- und Energieprogramm verlieh dem Cottbuser Wirtschaftsleben starke Impulse. Tagebaue und Kraftwerke rückten der Stadt auf den Pelz und trugen ihr den Beinamen »Zentrum der Kohle- und Energiewirtschaft« ein.

Und da sich die Arbeit nicht von selbst erledigt, kamen aus Sachsen und Thüringen, aus Mecklenburg und dem Mansfelder Land die Leute, teils geworben, teils angelockt von den Bodenschätzen der Lausitz wie einst die Goldgräber von den Nuggets in Kalifornien. Dem literaturkundigen Leser drängt sich angesichts solcher »Völkerwanderung« Stefan Zweigs Beschreibung aus seiner Novelle »Die Entdeckung Eldorados« auf:

»Und schon kommen die Leute herauf von den Städten, von den Häfen, Matrosen verlassen ihre Schiffe, die Regierungsbeamten ihre Posten, in langen, unendlichen Kolonnen zieht es von Osten, von Westen, zu Fuß, zu Pferd und zu Wagen heran, der Rush, der menschliche Heuschreckenschwarm, die Goldgräber.«

In der regionalen Geschichte hatte es einen vergleichbaren Aufschwung bis dahin nur einmal gegeben, und zwar 100 Jahre zuvor, als mit dem Aufstellen einer Dampfmaschine des Engländers William Cockerill 1818 die industrielle Revolution auch in Cottbus Einzug hielt. Der Übergang von der handwerklichen zur maschinellen kapitalistischen Produktion führte binnen weniger Jahre und Jahrzehnte zum Bau zahlreicher neuer Textil- und anderer Fabriken.

Zwischen 1840 und 1880 verdreifachte sich in Cottbus die Einwohnerzahl auf über 25000, vorwiegend durch die Ansiedlung ländlicher Bewohner und Proletarier mit ihren Familien, »denen die rauchenden Schlote nur den Fortschritt des freien Lohnarbeiters brachten, der jedoch mit dem Massenelend des arbeitenden Volkes einherging«, wie ein Chronist vermerkte. Schlagzeilen zeitgenössischer Zeitungen bestätigen diese traurige Tatsache noch auf Jahrzehnte hinaus. Vielleicht werfen Sie mit mir einen Blick in das SPD-Organ »Märkische Volksstimme« vom 9. Januar 1929. Unter der Überschrift »Gang durch das Elend. Betrachtungen im Cottbuser Proletarierviertel Sandow« lesen wir folgendes:

»Vermoderte Wohnungen, verfallene und verfallende Häuser, enge, winklige Straßen, Elend, das aus allen Ecken und Winkeln grinst ... Ausgestiegene Holztreppen, bröckelnde Flurwände, Gerüche nach Kohl, Armeleutegerüche. Aus der Stube schlägt dumpfe Luft entgegen. Modrig, schimmelig, atembeklemmend ...«

Spuren des einstigen Massenelends werden Sie auf unseren Bildern vom heutigen Cottbus nicht finden, eben weil es sie nicht mehr gibt. Einrichtungen wie das Armenhaus oder das Heim für Obdachlose gehören längst der Vergangenheit an, sind antiquierte Begriffe, die noch im Stadtführer des Jahres 1929 unter dem Stichwort »Gesundheits- und Fürsorgewesen« auftauchten.

Heute macht das neue Bezirkskrankenhaus mit international anerkannten Medizinern von sich reden. Auch andere sozialpolitische Errungenschaften erregen Aufsehen. Bewunderung in aller Welt findet die vorbildliche und für die Eltern spottbillige Unterbringung ihrer Kleinkinder in Kinderkrippen nach Ablauf des »Babyjahres« – so wird die zwölf Monate währende bezahlte Freistellung der Mutter von der Arbeit nach Geburt eines Kindes im Volksmund genannt. Auch alle Wünsche nach Kindergartenplätzen sind erfüllbar. Den Veteranen stehen altersgerechte Wohnungen und annähernd 1 300 Plätze in Feierabend- und Pflegeheimen zur Verfügung.

Wie wir schon an diesen vorzüglichen Daseinsbedingungen erkennen können, sind die Berg- und Energiearbeiter fündig geworden. Dabei konnten und können sie sich auf verläßliche Partner stützen – aus traditionellen wie neuen Industriezweigen sowie Dienstleistungs- und Versorgungseinrichtungen. Die Textilindustrie ist heute durch die vieltausendköpfige Belegschaft vor allem des Textilkombinates Cottbus vertreten. Sie hatte ihre Vorläufer in den Tuchmachern, deren Ursprung bis auf das Mittelalter, auf das »Gewandmacher-Privileg« von 1405, zurückgeht. Den heutigen Cottbuser Wohlstand begründet aber auch die engagierte Arbeit der Werktätigen anderer Produktionsbetriebe. Zu den bekanntesten gehören das Reichsbahnausbesserungswerk »Hermann Matern«, der VEB Polstermöbelindustrie und das Backwarenkombinat. Namen wie VEB Automatisierungsanlagenbau, Kombinatsbetrieb Industrie- und Hochbau des Bau- und Montagekombinats Kohle und Energie sowie Tiefbaukombinat haben ebenfalls einen guten Klang.

Selbst mit der ausschließlichen Aufzählung der nach 1945 neu entstandenen Betriebe wäre ich überfordert und würde Sie bestimmt auch langweilen. Weit über 650 Betriebe und Einrichtungen, einschließlich des genossenschaftlichen und privaten Handwerks, sind es jedenfalls. Sie alle haben ihren Anteil am Werden und Wachsen unserer Stadt.

Der berufliche Nachwuchs findet in Cottbus geradezu ideale Bedingungen vor. Auf einer zusammenhängenden Fläche rechts und links der Juri-Gagarin-Straße entstand nach 1969 ein fast ausschließlich Schülern, Lehrlingen und Studenten vorbehaltener eigener Stadtteil. Neun Schulen und acht Internate, Sportstätten sowie Gaststätten und andere Versorgungseinrichtungen wurden gebaut. In diesem »Bildungszentrum« haben neben Oberschülern künftige Tiefbauer, Textilfacharbeiter, Kindergärtnerinnen, Bauingenieure und Unterstufenlehrer ihre zeitweilige Heimat gefunden. Allein an der hier ansässigen Ingenieurhochschule Cottbus mit eigenem Technikum für Großversuche der Bautechnologie sind 1 600 Studenten bauspezifischer Fachrichtungen immatrikuliert.

Bei solcher Konzentration junger Menschen überrascht Sie gewiß nicht die Information, daß Cottbus mit einem Durchschnittsalter seiner Einwohner von 33,5 Jahren heute zu den »jüngsten« Großstädten in der DDR zählt. Auch im übertragenen Sinn: In die statistische Kategorie einer Großstadt reihte sich die Stadt an der Spree mit der Geburt des 100 000. Einwohners erst am 4. September 1976 ein. Und nicht schon 1903, wie damals handkolorierte Ansichtskarten anläßlich der Inbetriebnahme der Straßenbahn euphorisch verkündeten:

»Wanderer, hemme deinen Schritt,
steh, staun und fahre mit.
Die Elektrische ist da,
Cottbus Großstadt jetzt, hurra!«

Ein »Hurra« verdient zweifellos der Cottbuser Straßenbahntarif unserer Tage. Für zehn Pfennige je Fahrt – auch wenn sie von einem Ende der Stadt zum anderen führt – genießt der Fahrgast in Cottbus den Vorzug, eine der billigsten Straßenbahnen der Welt zu benutzen. Selbst in der tariffreundlichen DDR sucht sie ihresgleichen. Die tatsächlichen Betriebskosten werden damit natürlich nicht gedeckt, sondern aus dem »Stadtsäckel« beglichen.

Auch am Wohnungsbauprogramm erlebten die Cottbuser hautnah die Fürsorge des Staates. Neubaugebiete mit -zigtausend Wohnungen schossen hier binnen weniger Jahre wie Pilze aus dem Boden. Außer in Sandow dehnten sich bald auch in Ströbitz, Sachsendorf/Madlow und Schmellwitz neue Stadtteile mit komfortablen Wohnungen aus.

Ein Jahrzehnte währender Traum von menschenwürdigen Wohnverhältnissen für die Arbeiterklasse und das gesamte werktätige Volk wurde wahr. Das rege Interesse an dieser historischen Leistung sorgte von Jahr zu Jahr für neue Schlagzeilen: Schon 1972 erhielt eine Arbeiterfamilie die 15000. Neubauwohnung. Nur fünf Jahre später wurde die 25000. Neubauwohnung der Stadt seit 1949 im Stadtteil Sachsendorf/Madlow übergeben. 1988 sind es bereits 45000 neugebaute, modernisierte beziehungsweise rekonstruierte Wohnungen ...

Voller Stolz können die Stadtväter sechzig Jahre nach den erschütternden Schlagzeilen aus der alten SPD-Zeitung konstatieren:

»Damit wohnen über 86 Prozent der Bürger der Stadt in neugebauten oder modernisierten Wohnungen, die unter sozialistischen Bedingungen entstanden.«

Davon kann sich jeder bei einem Stadtbummel ein Bild machen. Cottbus nimmt republikweit im Wohnungsbau und Ausstattungsgrad der Wohnungen eine vordere Position ein.

Stolz sein können die Cottbuser auch auf die grünen Parks, Spreeufer, Badeseen, Rasenflächen und Alleen. Mit rund 500 Hektar Grünflächen im 50 Quadratkilometer großen Stadtgebiet zählt Cottbus zu den Industriezentren unseres Landes, die mit ruhigem Gewissen als »grüne Stadt« bezeichnet werden können.

Am liebsten würde ich Ihnen schon jetzt mehr von den ausgedehnten Parks und Grünanlagen rechts und links der Spree erzählen, die so herrlich mit den Klischeevorstellungen von einem »Zentrum der Kohle- und Energiewirtschaft« kontrastieren, in dem unentwegt neu gebaut und auch abgerissen, rekonstruiert und restauriert wird. Was verständlich ist und zum Grün paßt, wie wir noch sehen werden. Denn das grüne Cottbus ist durchaus ein Kapitel für sich wert. Das wird den Cottbusern oft von guten Freunden und Bekannten bescheinigt.

Neue und alte Freunde

Geschichte und Gegenwart einer Stadt werden stark von Städtefreundschaften und-partnerschaften geprägt. Auch Cottbus ist stolz auf seine internationalen Verbindungen nach Ost und West.

Langjährige freundschaftliche Verbindungen bestehen zum sowjetischen Metallurgiezentrum Lipezk am Woronesh im Schwarzerdezentrum der RSFSR. Der in der Tat große Bruder – mit dreimal soviel Einwohnern wie Cottbus (1972: 312 000) – zählt mit seinen gigantischen Hochöfen von 3 200 Kubikmetern Fassungsvermögen im Nowolipezker Metallurgiekombinat zu den Eisenhüttenriesen der UdSSR. Vor seiner Haustür hat Lipezk seit 1805 ein Kurbad mit eisenhaltigen Mineralquellen und Moorbädern sowie einen 50 Quadratkilometer großen Stausee an der Matyra – alles Dinge, die den Cottbusern mit ihrer Kohle- und Energiewirtschaft und dem Spreewald in nächster Nähe vertraut sein müssen. Da muß man sich doch einfach gut verstehen.

Die bulgarische Stadt Targowischte in den Ausläufern des Balkangebirges gehörte zu den ersten Städten des sozialistischen Auslandes, die 1975 ihre freundschaftlichen Verbindungen zu Cottbus mit einem von den Oberbürgermeistern beider Städte unterzeichneten Vertrag besiegelten.

Bereits seit 1959 besteht mit der Pariser Arbeitervorstadt Montreuil eine Städtepartnerschaft. In ihrem Rahmen verbringen alljährlich französische Kinder ihre Ferien in Cottbus, und Kommunalpolitiker beider Städte besuchen sich gegenseitig zu Studienaufenthalten.

Die italienische Stadt Grosseto in der Toscana ist aus der Vergangenheit durch die Etrusker und aus der Gegenwart durch ihre Wein- und Mostkeltereien bekannt. Seit 1963 verbindet Grosseto und Cottbus gemeinsames Wirken für Frieden und Völkerfreundschaft, wie es die Weltföderation der Partnerstädte als Programm formuliert hat.

1977 und 1978 wurden Zielona Góra in der Volksrepublik Polen und Košice in der Ostslowakei Vertragspartner der Lausitzer Metropole. Alle drei Städte konnten seither gute kommunalpolitische Erfahrungen austauschen.

Mit der Hauptstadt des BRD-Bundeslandes Saarland, Saarbrücken, besteht seit 1987 eine Städtepartnerschaft.

So unterschiedlich die Interessen der Besucher, so vielfältig sind ihre Eindrücke. Während aus Montreuil gern Handwerker und andere Gewerbetreibende kommen und aus Košice häufig Pädagogen und Schüler empfangen werden können, finden aus Saarbrücken Architekten und Stadtökologen sowie aus Zielona Góra Bauarbeiter und Landschaftsgestalter in Cottbus interessante Gesprächsthemen.

Bei einer Stadt, die sich in so kurzer Zeit auffällig verändert hat, bleibt es nicht aus, daß auch sie aus dem Born der Erfahrungen anderer schöpfen kann. Bei so manchem Entwicklungsproblem, das ein solch schnelles Wachstum nun einmal mit sich bringt, lohnt es sich für die Cottbuser sicherlich, anderen über die Schulter zu schauen.

Die Verkehrsplaner zum Beispiel sind kaum zu beneiden. Obwohl sie die Hauptverkehrsströme mit dem Ausbau eines Stadtringes für den Straßenverkehr und dem Neubau der Bahnhofsbrücke besser zu lenken versuchen, bilden sich auf den Straßen immer wieder Staus, sind die Straßenbahnen zum Bersten voll. Zumindest in der Verkehrsspitze. Das aber, so meine ich, ist wohl das Los jeder Großstadt, nicht nur von Cottbus. Oder können Sie sich ein Gemeinwesen solcher Größe ohne dichten Verkehr auf den Straßen vorstellen?

Auf den Straßen von Cottbus werden Sie – warum, das habe ich bereits erläutert – übrigens nur mit viel Glück einem Cottbuser »Ureinwohner« begegnen. Nichtsdestoweniger regt sich auch unter den »Neuen«, den »Zugereisten« Heimatstolz, vor allem in der Folgegeneration. Wie der stadtbekannte Heimatforscher Walter Drangosch, dem die Stadt eine Bibliographie von 1 411 heimatkundlichen Büchern, Zeitschriften und Einzelbeiträgen seit dem 17. Jahrhundert verdankt, sind sie inzwischen ans Werk gegangen, um die Geschichte ihrer Stadt lebendig werden zu lassen.

Dabei bleiben originelle Entdeckungen nicht aus. Im Jahre 1979 wurden auf dem gerade erschienenen Cottbuser Stadtplan exakt 414 Straßen und Plätze gezählt – genau so viele Häuser hatte der erste erhalten gebliebene Stadtplan von Cottbus anno 1720 ausgewiesen. Ein schöner Zufall? Gewiß!

Cottbus, das sich heute als dynamisch wachsende Stadt präsentiert, stand früher mehrere hundert Jahre lang im Ruf eines unbedeutenden Provinznestes. Zitieren wir aus einem alten Folianten:

»Cotbus, Cotwitz, Cotbusium: Stadt in der Niederlausitz, am lincken Ufer der Spree, dem König in Preußen zugehörig. Sie liegt 11 Meilen von Dreßden.«

Mehr über sie zu berichten fand das »Reale Staats-, Zeitungs- und Conversationslexikon« von 1709 die irgendwo bei Dresden gelegene Stadt nicht wert. Noch kurioser erscheint der Umstand, daß der Ortschaft Spremberg in diesem Werk sogar der doppelte Platz eingeräumt worden war.

Die Zeit unscheinbaren Daseins ist längst vorüber, auch wenn bis heute noch keinem Dichter und keinem Volksmund ein passendes Attribut für das Cottbus von heute einfallen wollte – wie etwa »Elbflorenz« für Dresden oder »Klein-Paris« für Leipzig. Lediglich von einzelnen Bauten sind eingängige Begriffe überliefert, wie das »Breithaus« für den Flachbau an der Gabelung Straße der Jugend/Drebkauer Straße, weil ein ursprünglich geplantes »Hochhaus« aus den unterschiedlichsten Gründen nicht zustande kam.

Bleibt abzuwarten, ob die nahe Zukunft der Stadt eine treffende, gefällige Bezeichnung einbringen wird. Vielleicht fällt Ihnen sogar selbst etwas ein beim Betrachten unserer Bilder. Um Ihnen die Ideenfindung zu erleichtern, lade ich Sie zu einem kurzen Ausflug in die Vergangenheit ein. Immerhin kann es bei aller Plauderei über die heutigen Cottbuser nicht schaden, ein wenig über ihre Vorfahren zu hören. So manches von dem, was heute den Reiz der Stadt ausmacht, verdanken wir den Ahnen.

Sigillum civium de Cotebuz

Das älteste erhalten gebliebene Dokument der Cottbuser Stadtgeschichte stammt aus dem Jahre 1156 und erwähnt erstmalig den Namen der Stadt. In einer Schenkungsurkunde des Markgrafen von Meißen bezeugte unter anderen ein »Heinricus Castellanus de Chotibuz«, daß sein Lehnsherr Markgraf Konrad der Herrschaft entsagte, um Mönch zu werden. Zu jener Zeit kannte Cottbus noch nicht den Krebs im Stadtwappen.

Erst die »Herren von Cottbus« brachten ihn hierher. Das Frankengeschlecht herrschte von 1199 bis 1445 über die Stadt und führte den Krebs im Familienwappen. In das Stadtsiegel gelangte der Flußbewohner in der ersten Hälfte des 14. Jahrhunderts. Die lateinische Umschrift lautet: »Sigillum civium de Cotebuz« (Siegel der Bürger von Cottbus).

Cottbus kann für sich beanspruchen, bisher als einzige Stadt den Krebs als Wappentier zu führen. Während sich Löwen und Adler in der Heraldik geradezu tummeln und leicht zu Verwechslungen führen können, soll es den Krebs weltweit nur noch als Familienwappen, als Symbol des polnischen Wappenstammes Warnia und als Wappentier der britischen Kolonie Turks- und Caicosinseln geben.

Und wie sieht das Wappen aus? »In Gold eine rote Burg, zwischen deren Türmen ein silberner Dreieckschild mit einem roten Krebs schwebt«, sagt das »Lexikon Städte und Wappen der DDR«. Doch wie wir schon bemerkt haben, sollte man Lexika nicht immer über den Weg trauen. Neuere Forschungen im Stadtarchiv deuten auf eine schlichtere Urform in nur zwei Farben hin: roter Krebs und rote Burg auf weißem (oder silbernem) Grund. So wurde das Wappen auch von den heutigen Ratsherren bestätigt, so finden Sie es auf der hinteren Einbandinnenseite dieses Buches abgebildet.

Wie es das Los von Wappensymbolen zu sein scheint, taucht der Krebs öfter im Stadtbild auf. Als Mosaik schmückt er die Fassade eines modernen Wohnungsneubaus am Stadtring/Görlitzer Straße. In Stein gemauert, hat er sich am Gebäude des Rates des Bezirkes verewigt. In Kupfer getrieben, prangt er an den Seitentoren der Cottbuser Stadthalle. Wenn Sie wachen Auges durch die Stadt gehen, dann werden Sie sicher noch mehr solcher Abbildungen entdecken.

Das älteste bildliche Zeugnis des Krebses finden Sie auf den Gewändern des Fredehelm von Cottbus und seiner Gemahlin Adelheid. Den Cottbuser Wappenahn können Sie in lebensgroßer Darstellung auf der Sandsteinplatte an der Nordwand der Klosterkirche bestaunen. Das älteste Grabdenkmal der Stadt trägt die Inschrift »Herr Fredehelm von Cottbus, gestorben 1307, und seine Gemahlin Adelheid, gestorben 1319«. Der Ritter führt den Krebs auf seinem Brustharnisch, die Freifrau auf ihrem rechten Ärmel.

Entgegen anderslautenden Legenden, wonach der Krebsreichtum in der Spree »das Insigne der Stadt von Anfang an« geprägt habe, wollen wir doch dem Fredehelm von Cottbus die Urheberrechte am Cottbuser Stadtwappen lassen. Weitaus größere und bleibende Verdienste im Sinne des gesellschaftlichen Fortschritts haben sich allerdings andere erworben.

Aus der 800jährigen Stadtgeschichte sind gar viele Episoden überliefert und in Geschichts- und Geschichtenbüchern festgehalten. Mich hat immer wieder die Wehrhaftigkeit der Cottbuser beeindruckt. Anno 1429 hielten die Einwohner dem Ansturm der Hussiten stand, während andere Lausitzer Städte gefallen waren. Auch der böhmische Burggraf Zdenko von Sternberg mußte 1461 unverrichteterdinge wieder abziehen.

Wegen ihres religiösen Bekenntnisses aus Frankreich vertriebene Hugenotten gründeten 1701 in Cottbus eine französische Kolonie. Sie trugen sehr zur Belebung von Handwerk und Gewerbe, besonders bei der Seidenraupenzucht, der Strumpfwirkerei und beim Tabakanbau, und so zur wirtschaftlichen Entwicklung der Stadt bei.

1813 ritt Lützow, vielbesungener Führer eines Freikorps im nationalen Unabhängigkeitskrieg gegen den Fremdherrscher Napoleon, in Cottbus ein. Sein als »Turnvater« bekanntgewordener Adjutant Friedrich Ludwig Jahn bildete 33 Cottbuser aus, die sich mit insgesamt 400 Männern zum Kampf gegen die napoleonischen Truppen gemeldet hatten.

Rund 80 Jahre später setzten sich Cottbuser Werktätige gegen Unternehmerwillkür zur Wehr. 6000 Textilarbeiter streikten 1896 acht Wochen lang für bessere Lebensbedingungen, unter anderem für die Einführung des Elfstundentages. Die sozialdemokratischen Führer August Bebel und Karl Liebknecht sprachen 1903 beziehungsweise 1912 vor der Cottbuser Arbeiterschaft und verliehen damit der Sozialdemokratie in der Lausitz starke Impulse. Die im Zuge der Novemberrevolution entstandene KPD bildete 1919 auch in Cottbus eine Ortsgruppe. Zu ihren Mitbegründern gehörten der Eisenbahnschlosser Walter Jahrmarkt, die Gärtnerei- und Textilarbeiterin Gertrud Zinke sowie der Friseur Walter Wagner.

In den kämpferischen Märztagen des Jahres 1920 bestanden die organisierten Cottbuser Arbeiter ihre Feuerprobe: Am 15. März 1920 schickte der Reichswehrmajor Buchrucker zwei Züge Soldaten mit zwei schweren Maschinengewehren in die Stadt, um den Generalstreik gegen den Kapp-Putsch niederzuwerfen. Als im Feuerhagel vier Tote und fünf Schwerverletzte am Spremberger Turm liegenblieben, erhoben sich die Arbeiter erst recht. Eine Woche lang tobten die Kämpfe, und Buchrucker mußte sieglos abziehen.

Auch nach Errichtung der faschistischen Diktatur 1933 gab es in Cottbus mutige Männer und Frauen. Im sogenannten Hochverratsprozeß vom 10. bis 12. April 1934 im Cottbuser Landgerichtsgebäude wurden gegen 25 KPD-Mitglieder aus Cottbus und Umgebung, Forst und Berlin Schandurteile gefällt. Trotz der Gefahr für ihr Leben kämpfte 1936/37 die Widerstandsgruppe Willi Jannasch gegen das faschistische Terrorregime. Unermüdliche illegale Arbeit leisteten die politischen Häftlinge im damaligen Frauenzuchthaus Cottbus.

Seinen zahllosen Verbrechen an der Menschheit setzte der deutsche Faschismus mit der Entfesselung des zweiten Weltkrieges die Krone auf. Dieser kostete viele Unschuldige auch im eigenen Land das Leben. Zu den schlimmsten Alpträumen Cottbuser Geschichte zählen die 34 Minuten von 11.51 bis 12.25 Uhr am 15. Februar 1945, als US-amerikanische Bomberverbände ihre todbringende Last auf die Stadt an der Spree abwarfen. Als Folge dieses Luftangriffs, aber auch des faschistischen Verteidigungswahns in den letzten Tagen des zweiten Weltkrieges wurden von 18000 Wohnungen über 10000 beschädigt und weitere 1900 völlig vernichtet. Nur 6000 bis 8000 Einwohner von zuvor 50000 hielt es noch in der zerstörten Stadt. 3000 Cottbuser waren durch den Bombenangriff getötet worden.

Als über acht Wochen später, am 22. April 1945, Truppenteile der Ersten Ukrainischen Front die leidgeprüfte Stadt vom Faschismus befreiten, brach fürwahr eine neue Zeit an ...

Der Kommunist Max Döring wurde vom sowjetischen Stadtkommandanten Dimitri Tscherwjakow mit dem Amt des Bürgermeisters betraut – im Angesicht rauchender Trümmer, verwüsteter Straßen, zerstörter Betriebe und des Lebensmittelmangels wahrlich keine leichte Aufgabe! Mit der Inbetriebnahme des Elektrizitäts- und Gaswerkes bereits am 26. Mai 1945 wurden die Voraussetzungen für die schrittweise Aufnahme der Produktion auch in anderen Betrieben geschaffen. Die Arbeit unter den harten Bedingungen der Nachkriegszeit gebar neue Helden. Als erster Cottbuser wurde mit dem Ehrentitel »Held der Arbeit« der Kommunist Franz Striemann geehrt, der 1950 in der Tuchfabrik den Wettbewerb um den Titel »Brigade der ausgezeichneten Qualität« initiiert hatte.

Erst mit diesem schweren Beginn konnte ein für allemal ein Schlußpunkt unter jene Vergangenheit gesetzt werden, die den Cottbusern außer dem Faschismus noch andere unglückliche Perioden gebracht hatte. Verheerend hatte sich schon der Dreißigjährige Krieg auf Cottbus ausgewirkt. In dessen Verlauf, anno 1641, wurden nur noch 150 Bürger gezählt. Unvergessen bleibt die Not während des ersten Weltkrieges, als 1917 in der Stadt die wöchentlichen Lebensmittelrationen pro Person zeitweilig auf 1,6 Kilogramm Brot, 100 Gramm Fleisch einschließlich Knochen und 40 Gramm Blut- oder Leberwurst gekürzt wurden.

Neben diesen von Menschen verschuldeten schlimmen Zeiten hatte die Stadt auch reichlich elementare Katastrophen – Pestepidemien, Heuschreckenschwärme und Feuersbrünste wie den großen Stadtbrand am 20. März 1671 – zu überstehen. Doch auch sie konnten den immer wieder trotzig aufflackernden Aufbauwillen der Bürger von Cottbus nicht brechen. Darin unterscheiden sich die Cottbuser ganz gewaltig von ihrem Wappentier. Denn dem Krebs sagt man nach, daß er sich bei Gefahr rückwärts bewegt …

Prominenten-Legenden

Eine weitere Einmaligkeit, die den Cottbusern sehr ans Herz gewachsen ist, ist eine zwischen Fichtelberg und Kap Arkona für ihre emsige Tätigkeit weithin bekannte Persönlichkeit – der Cottbuser Postkutscher. Schon Generationen haben sich an den Vers »Der Cottbuser Postkutscher putzt den Cottbuser Postkutschkasten« die Zunge gebrochen. Mittlerweile findet das Wortspiel auch unter den ausländischen Touristen immer mehr Liebhaber.

Bereits eine Kitschpostkarte aus der Zeit um 1910 ließ den Postillion konfus und planlos mit bürstenbewehrten Händen und Füßen über das Wagendach rutschen und reimte dazu: »… herauf – herunter, herüber – hinüber! Eben ist er wieder drüber!!« Der Reimeschmied konnte noch nichts vom häufigen Auf und Ab der Cottbuser Energie-Fußballer zwischen Liga und Oberliga wissen, und so muß solch zeitenüberdauernde Aktualität verblüffen.

Eine Schlagersängerin unserer Tage trällerte ebenso wie das Cottbuser Kindermusical über die Ausdauer des postkutschkastenputzenden Postkutschers: »Tagtäglich stundenlang mit fröhlichem Gesang.« Wie fröhlich der Postillion zu Werke gehen kann, zeigt ein Holzstich des Pressezeichners Peter Müller, der im Jahre 1981 im Auftrag der Pirckheimer-Gesellschaft eine Grafikfolge zu diesem Thema eröffnete. Der republikweit bekannte Karikaturist Manfred Bofinger bereicherte die Serie humorvoll und pointiert. Während auf seinem Bilderbogen die Erwachsenen mit dem Zungensalat einfach nicht fertig werden, kräht's unbeschwert aus einem Kinderwagen in bestem Ansagerdeutsch: »Postkutschkasten!«

So jetzt Ihre Neugier auf den schon 1904 in den »Kursächsischen Streifzügen« von Otto Eduard Schmidt erwähnten Postillion angestachelt sein sollte, muß ich Sie leider enttäuschen. Der »Cottbuser Postkutscher« entsprang nur dem unbefangenen Volksmund aus Freude am Stabreim. Trotz aller angestrengten heimatgeschichtlichen Forschungen konnte keine historisch verbriefte Originalperson ausfindig gemacht werden, deren Putzeifer über Gebühr gelobt wird.

Jener »Friedrich Wilhelm Rauer«, dessen Name auf einem Plakatentwurf zur Förderung des Fremdenverkehrs zu lesen ist, hat nie gelebt. Er war offensichtlich eine Erfindung des in den 20er Jahren berühmten Münchner Gebrauchsgrafikers Ludwig Hohlwein, dem die damalige Cottbuser Stadtverwaltung das Plakat in

Auftrag gegeben hatte. Hohlwein erlaubte sich mit dem Cottbuser Postkutscher einen deftigen Spaß, als er ihm obendrein statt der preußischen eine bayrische Postillionsuniform verpaßte. Denn ein Bayer namens Friedrich Wilhelm ist ebenso undenkbar wie ein Preuße namens Seppl ...

Als Plastik schmückt der Postkutscher den Giebel einer nach ihm benannten Gaststätte. Neuerdings gibt es den Cottbuser Postkutscher, begleitet von einer Spreewälderin, sogar als kulturhistorische Zinnfigur. Als »Cottbuser Spottkutscher« betätigt er sich kabarettistisch. Auf Kekspackungen, Stullenbrettchen und auf einer lokalen Briefmarkenemission von 1945/46 hat er sich verewigt.

Seit einem knappen Vierteljahrhundert können Sie ihm auch leibhaftig begegnen. Im Auftrag des Rates der Stadt und des Kreisausschusses der Nationalen Front der DDR überbringt er in blauem Rock und weißen Hosen initiativreichen Bürgern, die sich um die Verschönerung der Stadt besonders verdient gemacht haben, seine Glückwünsche und einen großen Blumenstrauß. Hunderte Male war der Cottbuser Postkutscher schon unterwegs zu Männern und Frauen, Familien und Hausgemeinschaften, Kollektiven aus Einrichtungen und Betrieben, die sich über den Durchschnitt hinaus engagieren – unentwegt für eine saubere Stadt sorgen, Zäune streichen, Blumenrabatten pflegen, unordentlichen Ecken zu Leibe rücken. Im Leben der Bezirksstadt zählt die Ehrung durch den Cottbuser Postkutscher zu den höchsten öffentlichen Würdigungen.

Als »Stadtverschönerer« früherer Zeiten hat sich Hermann Fürst von Pückler-Muskau (1785 bis 1871) internationalen Ruhm erworben. Er hatte bereits im Alter von 25 Jahren nach dem Tod des Vaters einen umfangreichen Landbesitz in Muskau und Branitz geerbt – und mit ihm einen noch vom Großvater herrührenden Schuldenberg von 500 000 Talern.

Sein aufwendiger Lebensstil mit Reisen durch ganz Europa, nach Nordafrika, Vorderasien und Griechenland war nicht gerade geeignet, die Schulden abzubauen. Im Gegenteil. Die Anlage des Muskauer Parks ließ aus den 500 000 Talern über eine Million Taler werden, was ihn fast an den Rand des Ruins brachte. Auch die Heirat mit der geschiedenen Gräfin Lucie von Pappenheim, einer Tochter des preußischen Staatskanzlers Fürst von Hardenberg, verschaffte ihm keine Entlastung. Da kam Lucie auf eine geniale Idee. Sie schlug Pückler vor, sich von ihr scheiden zu lassen und eine finanzkräftige zweite Frau zu ehelichen. Leider ging der Plan nicht auf. Unbeweibt kehrte der Frauenheld von seiner Brautjagd aus England zurück und sah sich schließlich gezwungen, seine Standesherrschaft in Muskau zu verkaufen und 1845/46 nach Branitz zu ziehen, in die ungeliebte »Cottbuser flache Sandwüste«.

Eine neue Parkschöpfung lag zunächst nicht in seinem Sinn, doch die selbstlose Lucie muß den Hallodri so lange gedrängt haben, bis er schließlich nachgab. Was Pückler allerdings nicht schwerfiel, denn er war, wie sein 1834 erschienenes Werk »Andeutungen über Landschaftsgärtnerei« ausweist, ein Parknarr par excellence.

»Ich büffele unterdessen in Branitz wie ehemals in Muskau, um wieder eine neue Oasis in der Wüste zu schaffen, was meine Bestimmung hienieden zu sein scheint«,

behauptete Pückler von sich selbst. Dabei lassen sich seine Mühen nicht an der Fron der Parkarbeiter, Tagelöhner und Insassen des Cottbuser Stadtgefängnisses messen, die täglich zwölf Stunden lang für einen Hungerlohn schufteten, um sein gartenkünstlerisches Werk als »Sinnbild idealisierter Natur« in die Tat umzusetzen.

Pückler legte großen Wert darauf, als Parkomane zu gelten.

»Soviel ist gewiß, daß, wenn es mir hier gelingt, eine ästhetische Natur hervorzuzaubern, dies mein Meisterstück sein wird.«

Seine selbstbewußte Vorhersage hat sich bewahrheitet. Gartenarchitekten rühmen heute den von 1846 bis 1890 geschaffenen und in großen Zügen fertiggestellten Branitzer Park bei Cottbus als gelungenen Abschluß oder auch Höhepunkt in der Reihe der großen deutschen Landschaftsparks.

Um seinen Traum zu verwirklichen, scheute Pückler keine Mühen und lieferte zugleich die Ideen. Schon damals brachte er das Kunststück fertig, 30 bis 40 Jahre alte Bäume zu verpflanzen. Auf Langholzwagen mit eigens dazu angefertigten, ledergepolsterten Gestellen zum Schutz der Rinde und des Geästs wurden die Bäume aus den umliegenden Dörfern geholt – vor allem einheimische Baumarten wollte Pückler in seinem Park sehen.

Wasserläufe, Hügel, Rasenflächen mit malerischen Durchblicken und Fernsichten, Nadel- und Laubholzgruppen dehnten sich bald auf einer Fläche von 90 Hektar aus. 25 Bauernwirtschaften mußten weichen. Pückler kaufte sie auf und ließ sie abreißen. Er verlegte einen Teil des Dorfes und setzte einem widerspenstigen Bauern einen Hügel vor die Nase. Erst 1857 konnte er ihm über einen Strohmann das Grundstück abluchsen. Dieser hatte das Gerücht verbreiten lassen, eine Fabrik mit einem rußspeienden Schornstein errichten zu wollen. Und der Bauer gönnte dieses Los von Herzen dem Fürsten, der ihn seit Jahren belauert und unter Druck gesetzt hatte... Doch am Ende war er selbst der Geprellte.

Der heute allen Besuchern offenstehende Park, für den einst 100000 Kubikmeter Erde bewegt wurden, ist inzwischen in die UNESCO-Liste denkmalgeschützter Parks aufgenommen. Zu seinen originellen Wahrzeichen gehören zwei Pyramiden, eine zu Lande, eine zu Wasser. In der Seepyramide fand der Lausitzer Pharao seine letzte Ruhestätte. Die Gebeine seiner Frau Lucie (1778 – 1854) wurden 30 Jahre nach deren Tod dorthin umgebettet.

Von Pücklers Neigung zum schönen Geschlecht künden noch heute im Park die vergoldete Büste der Sängerin Henriette Sonntag in den »pleasure grounds« sowie im Schloß das Gemälde der äthiopischen Fürstentochter Machbuba. Diese »Goldige« hatte er auf dem Sklavenmarkt in Khartoum (Sudan) gekauft und als »Pflegetochter« mit nach Europa gebracht.

Unter den zahlreichen Parks inmitten der Bezirksstadt trägt die gepflegte Oase am rechten Spreeufer vor der Sandower Brücke den Namen des 1798 in Cottbus geborenen Carl Blechen. 1831 war der berühmte Maler auf Schinkels Fürsprache hin zum Professor der Landschaftsklasse der Akademie der Künste ernannt worden. Seine Verdienste um die realistische Landschaftsmalerei ehrten die Cottbuser nicht nur mit der Benennung des Parks. Auch eine Straße und eine Schule, eine Galerie und der Klub der Intelligenz führen seinen Namen. Seit 1956 verleiht der

Rat des Bezirkes außerdem für hervorragende künstlerische und kulturpolitische Leistungen alljährlich den Carl-Blechen-Preis.

Im Reigen der Cottbuser Berühmtheiten dürfen die Sportler nicht fehlen. Schon die Zahl der Erfolgreichen macht einem die Wahl zur Qual. Gustav Schuft vom Turnverein 1861 Cottbus hat bereits an den I. Olympischen Spielen der Neuzeit 1896 in Athen teilgenommen und zwei Goldmedaillen mit nach Hause gebracht.

Wie viele Weltmeister und Olympiasieger gehen allein auf das Erfolgskonto des 1963 gegründeten Sportklubs Cottbus, von den Plazierten ganz zu schweigen! Ich hoffe, Sie gestehen mir das Recht zu, aus der Schar der Erfolgreichen meine Favoriten zu nennen – so wie jeder seinen Lieblingssportler hat. Bei den Radsportlern sind es für mich Friedensfahrtsieger Hans-Joachim Hartnick sowie die Weltmeister und Olympiasieger Lutz Heßlich und Lothar Thoms. Lutz Heßlich brachte seine olympische Goldmedaille als Vertreter des bisher zahlenmäßig stärksten Cottbuser Olympiaaufgebots aus Soul 1988 mit nach Hause. Der zweifache Turnweltmeister Sylvio Kroll holte in der südkoreanischen Metropole zwei olympische Silbermedaillen. Von den Frauen trug besonders Rosemarie Ackermann zu Cottbuser Sportruhm bei. Die Olympiasiegerin von Montreal 1976 überquerte ein Jahr später als erste Frau der Welt im Hochsprung die Zweimetermarke. Nicht weniger populär wurde Gunhild Hoffmeister, die zweimal ihre Olympiastarts auf der 1500-Meter-Laufstrecke »versilberte«.

Cottbus hat natürlich noch mehr Prominente vorzuweisen. Der DDR bekanntester Sportreporter und Moderator der TV-Sendung »Porträt per Telefon«, Fernsehliebling Heinz-Florian Oertel, begann hier seine Laufbahn.

Sogar der erste deutsche Kosmonaut wäre fast aus Cottbus gekommen. Während Sigmund Jähns Weltraumflug erfüllte Eberhard Köllner, der ebenso das gesamte Kosmonautenausbildungsprogramm durchlaufen hatte, die verantwortungsvolle Aufgabe des Doubles.

Gewissermaßen auf den Spuren der Kosmonauten wandeln und phantasievolle Ausflüge in die unendliche Weite des Weltraums unternehmen können die Cottbuser und ihre Gäste im 1974 eröffneten Raumflugplanetarium »Juri Gagarin«. Es ist als erstes in der DDR und als zweites in Europa mit einem vierachsigen Zeiss-Projektionsgerät ausgerüstet und hat schon Hunderttausenden Besuchern auf unterhaltende Weise Wissenswertes vermittelt.

Näfs Nachfolger

Vor über 370 Jahren beobachteten unsere Vorfahren am Himmel eine Erscheinung, von der später die Chronik berichtete:

»Vom 19. November bis zum 19. Dezember 1618 hat man einen schrecklichen Kometen gesehen, welcher im Zeichen des Skorpions gestanden und 30 Tage – soviel Tage, wie der Krieg Jahre gedauert – zu sehen war.«

Im Verlauf des Dreißigjährigen Krieges brach der kaiserliche Feldherr Wallenstein mit 40 000 Mann über Cottbus herein. Seine Heerscharen verzehrten während ihres Aufenthaltes vom 3. August 1626 abends bis 5. August früh 5000 Ochsen, 600 Schafe und 4000 Tonnen Bier. Andere Quellen verlegen Wallensteins Durchzug erst auf das Jahr 1633, was dem Appetit seiner Truppen sicherlich keinen Abbruch getan hat.

Solche waffenstarrenden Gäste konnten jedoch nicht jene Gastfreundschaft genießen, die Cottbus seinen Freunden aus aller Welt entgegenbringt. Gewöhnlich übernachten die Besucher im »Hotel Lausitz«. Sollten Sie dort einmal absteigen, können Sie mit einigem Glück international bekannten Künstlern und Showstars begegnen. Nach ihrem stürmisch gefeierten Auftritt in der Stadthalle wissen sie die gepflegte Cottbuser Gastlichkeit zu schätzen, die sich mit der im anderthalb Autostunden entfernten Berlin allemal messen kann.

Wer war nicht schon alles hier? Salvatore Adamo und Vicky Leandros, Karel Gott und Milva begeisterten die Cottbuser. Die Auftritte des Alexandrow-Ensembles und des Poznañer Knabenchors bleiben unvergeßlich. Berühmte Folkloreensembles aus Japan, Senegal und Tahiti zeigten anspruchsvolle Programme. Das Ballett Brasil Tropical riß selbst Phlegmatiker zu Begeisterungsstürmen hin.

Außer dem »Hotel Lausitz« sorgen in Cottbus etwa 120 gastronomische Einrichtungen mit über 11 000 Plätzen für Ihr leibliches Wohl. Allerdings ist es, vor allem an Wochenenden, ein Problem, einen freien Platz zu bekommen.

Mit Verlaub gesagt, hat Cottbus auf diesem Gebiet im Mittelalter beinahe bessere Zeiten gesehen ... Denn im Jahre 1560 gab es hier schon einmal bei 371 Hausbesitzern 130 (!) Bierhäuser, in denen jährlich 30000 Hektoliter Bier gebraut wurden. Wenn da die meisten nicht Wirt und Gast zugleich waren! Was heute auch noch vorkommen soll. In Cottbus war übrigens im Jahre 1902 der kleinste Kellner der Welt eingestellt worden: Der 22jährige Paul Näf erreichte gerade so eine Größe von 97 Zentimetern und brachte ganze 25 Kilogramm auf die Waage.

Im Cottbus der Gegenwart sind Paul Näfs Nachfolger auf andere Titel und Trophäen aus. In den Jahren 1974 und 1975 wurde unter Anteilnahme Tausender Cottbuser der »Freundlichste Kellner der Bezirksstadt« gekürt. Ein spürbarer Aufschwung im Wettbewerb der volkseigenen Gaststätten war die Folge. 1977 bewarben sich bereits 40 Kandidaten aus dem Bereich der HO-, Konsum-, Kommissions- und privaten Gaststätten um die Ehrung als »Bester Kellner«. Aus dieser Aktion ging schließlich der »Pokal der Gastlichkeit« hervor, der in regelmäßigen Abständen den besten gastronomischen Einrichtungen verliehen wird. Was nur folgerichtig ist, denn schließlich sollen Phantasie und Abwechslung beim Speisen- und Getränkeangebot wie auch bei der Bedienung in den führenden gastronomischen Einrichtungen belohnt werden.

Mehrfacher Pokalsieger war bereits die HOG »Stadt Cottbus« in der Spremberger Straße. In der Nähe des alten Cottbuser Wahrzeichens Spremberger Turm ist sie unschwer zu finden. Doch Sie können unbesorgt auch den »Meldekeller« oder »Erichs Bierstuben« am Altmarkt aufsuchen, um Cottbuser Gastronomie kennenzulernen. Zumal hier das originale Cottbuser Bier ausgeschenkt und gute Hausmannskost serviert wird.

Vor mehr als 200 Jahren wurde Cottbuser Bier seiner Qualität wegen sogar exportiert.

»Als im Jahre 1763 der Siebenjährige Krieg beendet war, war Cottbus von einer ungeheuren Schuldenlast bedrückt. Das Cottbuser Braugewerbe aber hatte weithin einen solchen guten Ruf, daß die Stadt durch einen Aufschlag von einem Pfennig auf jedes Quart Bier die während des Krieges entstandenen Schulden in 19 Jahren tilgen konnte«,

vermerkte ein Chronist. Noch 1815 dichtete ein Poet das »Lob des Cottbuser Bieres«.

Zu den leiblichen Genüssen, die den Cottbusern bis heute keiner so schnell nachmacht, gehören nach wie vor der »Cottbuser Korn« und der »Cottbuser Baumkuchen«. Beides sollten Sie unbedingt probieren. Das Branntweinbrennen ist seit 1534 in Cottbus bekannt. Der »Cottbuser Korn« wurde 1643 urkundlich zum ersten Mal erwähnt. Schon 1880 produzierten 18 Brennereien Cottbuser Korn aus Getreide. Mit verbesserten Destillationsapparaten konnte die Qualität des Cottbuser Korns immer weiter gesteigert werden. Die Marke »Melde« geht auf den Tuchmacher Mattheus Melde zurück, der 1748 seinen Beruf wechselte, weil er das Kornbrennen einträglicher fand.

Die heutige Konsum-Kornbrand- und -Likörfabrik »Melde« setzt in Cottbus als einziger Hersteller von Spirituosen die über 340 Jahre alte Tradition des Brennens von echtem Cottbuser Korn fort. Er wird wie ehedem aus reinem Roggen und Malz hergestellt und zeichnet sich durch ein ausgeprägtes Kornbukett und einen angenehmen, reinen, abgerundeten Geschmack aus. Unter den Bezeichnungen »Herrenstolz«, »Meldekorn« und »Weizendoppelkorn« gelangen heute beste Trinkbranntweine zur Auslieferung.

Der Cottbuser Baumkuchen, dessen ältestes Rezept aus dem Jahre 1819 von Marie Groch überliefert ist, wird in unseren Tagen von der Cottbuser Großbäckerei produziert. Auch wenn sich mittlerweile die unterschiedlichsten Rezepturen bewährt haben, ist sein Verzehr eine kalorienreiche Angelegenheit geblieben. Nicht zuletzt des Schokoladenüberzugs wegen, der heute die schmackhaften Ringe haltbar macht. Nach Marie Groch benötigt man für einen Baumkuchen je 4 Pfund Butter und Zucker, 3 Pfund Mehl, 50 Eier, 4 Zitronen, 3 Stangen Vanille, 3/4 Pfund süße und 1/4 Pfund bittere Mandeln sowie etwas Salz. Oho!

Spezielle Cottbuser Kochkünste sucht man in alten Kochbüchern vergeblich. Allerdings essen die Leute in dieser Gegend mit besonderer Vorliebe zu Kartoffeln Leinöl und Quark. Auch Grützwurst und Sauerkraut kommen auf den Mittagstisch. Leider werden Sie nur in wenigen Gasthäusern dieses frugale Mahl auf der Speisekarte finden. Die einfachen Gerichte entstammen vor allem der sorbischen Bauernküche, die trotz sparsamster Zutaten Schmackhaftes zuzubereiten wußte und weiß. Die berühmten Gewürz-, Senf-, Essig- und sauren Gurken sowie die verschiedenen Meerrettichbeilagen aus dem Spreewald bereichern die Cottbuser Küche.

Die jüngsten gastronomischen Einrichtungen tragen übrigens Namen, die Sie in anderen Städten mit ihrem »Biereck« oder »Bräustübl« nicht finden können: »Lipa« und »Kokot«. Die sorbischen Bezeichnungen sind den Cottbusern nicht fremd und gehen ihnen mühelos über die Zunge, jedenfalls leichter als der Postkutscher-Vers. Dahinter verbergen sich die deutschen Wörter »Linde« und »Hahn«. Diese Vertreter der heimischen Flora und Fauna gehören zu den beliebtesten Symbolen der reichhaltigen sorbischen Folklore.

Ein durch und durch wendisches Viertel

Wie schon ein mittelalterliches Verzeichnis der Hausbesitzer der Stadt anno 1599 belegt, leben Deutsche und Sorben seit Jahrhunderten gemeinsam in Cottbus. Von 424 Hausbesitzern trugen damals 123 sorbische Namen. Nicht zu allen Zeiten verlief das Zusammenleben in bester Eintracht – chauvinistische Einflüsse machten den Sorben als nationale Minderheit schon sehr früh zu schaffen. Von vielen Bürgerrechten ausgeschlossen, durften sie oft nur bestimmte minderbezahlte und schmutzige Tätigkeiten ausüben. Antisorbische Erlasse gab es bereits 1830 mit der Anordnung, sorbische Familiennamen in deutsche umzuwandeln, und dem 1888 vom preußischen Kultusministerium erlassenen Verbot des Sorbischunterrichts am Cottbuser Gymnasium. Doch waren das nur die Vorboten eines der schwärzesten Kapitel in der Geschichte der Sorben, das mit der Machtergreifung der Faschisten begann.

Nachdem die faschistischen Bestrebungen gescheitert waren, die 1912 gegründete sorbische nationale Organisation Domowina (vom sorbischen »domownja« – Heimat) zu einem »Bund wendischsprechender Deutscher« zu degradieren, verstärkten sich die Unterdrückungsmaßnahmen gegen die sorbische Minderheit. Das begann 1937 mit dem Verbot der Domowina und reichte bis hin zur berüchtigten Himmler-Denkschrift »Zur Behandlung der Fremdvölkischen im Osten« vom 15. Mai 1940. Den ins »Generalgouvernement« vertriebenen Sorben war folgendes Los zugedacht: »Die Bevölkerung des Generalgouvernements setzt sich dann zwangsläufig ... aus einer verbleibenden minderwertigen Bevölkerung ..., die noch durch abgeschobene Bevölkerung der Ostprovinzen sowie all der Teile des deutschen Reiches, die dieselbe rassische und menschliche Art haben (Teile z. B. der Sorben und Wenden), zusammen, Diese Bevölkerung wird als führerloses Arbeitsvolk zur Verfügung stehen ... bei eigener Kulturlosigkeit ...«

Auch die Sorben aus Cottbus und Umgebung sollten das bald am eigenen Leibe zu spüren bekommen. Über die sorbische Dichterin Mina Witkojc (1893 bis 1975) wurde ein Aufenthaltsverbot für die damaligen Lausitzer Regierungsbezirke Frankfurt und Dresden/Bautzen verfügt. 1943 mußte sie wegen ihrer Verbindungen zu Antifaschisten eine mehrwöchige Gefängnishaft verbüßen. Den Pfarrer Bogumil Šwjela (1873–1948) setzte die Gestapo unter Druck, »nichts mehr für das Wendische zu tun und im Verkehr mit der Gemeinde nicht mehr wendisch zu sprechen«. Die Trachtenschneiderin Pawlina Krawcowa (1890 bis 1941) schließlich wurde wegen ihrer volkskünstlerischen Arbeiten, die die in der ČSR ausstellte, verhaftet und in Cottbus eingesperrt. An den Folgen schwerer Mißhandlungen starb sie vor Vollendung ihres 51. Lebensjahres.

Der siegreiche Vormarsch der Roten Armee trug dazu bei, daß den Sorben ein ähnliches Schicksal wie den Juden erspart blieb. Mit dem Sturz der faschistischen Diktatur begann der Traum eines gleichberechtigten Miteinanders von Deutschen und Sorben endlich reale Gestalt anzunehmen.

Schon am 10. Mai 1945, zwei Tage nach der bedingungslosen Kapitulation Hitlerdeutschlands, war in Crostwitz (Kreis Kamenz) die Domowina erneuert worden. Im Juli 1952 bildete sie einen eigenen Kreisverband Cottbus. Ihm gehören heute 30 Ortsgruppen aus Cottbus und Umgebung an. Mehrfach war Cottbus auch Gastgeber des alle fünf Jahre tagenden Bundeskongresses der Domowina.

Eine kluge Nationalitätenpolitik sorgte dafür, daß seit Gründung unserer Republik die Sorben allseitig in das gesellschaftliche Leben der Stadt integriert sind. Sie haben Sitze im Stadtparlament, die über 40jährige sorbischsprachige Wochenzeitschrift »Nowy Casnik« unterhält in Cottbus ihre eigene Redaktion, und der Sender Cottbus verfügt seit 1989 wöchentlich über zwölf Stunden Sendezeit in sorbischer Sprache und Musik. Geradezu selbstverständlich ist das reichhaltige Angebot sorbischer Literatur aus dem Domowina-Verlag in der Cottbuser Volksbuchhandlung »Jenny Marx«.

Eine hier ansässige Sorbische Erweiterte Oberschule trägt den Namen von Marjana Domaškojc (1872 – 1946). Die niedersorbische Arbeiterschriftstellerin hatte 34 Jahre lang ohne Unterbrechung in einer Cottbuser Tuchfabrik gearbeitet und nach der Schicht zu schreiben begonnen. Persönlichkeiten sorbischer Nationalität wie der Schriftsteller Jurij Koch oder die schriftstellernde Leiterin des Folkloreensembles »Judahej« Ingrid Nagel haben das heutige geistig-kulturelle Leben der Stadt mitgeprägt.

Zu den begehrtesten sorbischen Souvenirs, die Gäste der Stadt gern erwerben, gehören Textilien im Blaudruck und die herrlichen, farbenprächtigen Ostereier. Über 1500 verschieden bemalte, geätzte, gekratzte, gewachste, bestickte, beklebte und in vielen Tönen gefärbte Eier hat ein hier ansässiger Volkskundler zusammengetragen. Alljährlich zu Ostern sind sie in der sorbischen Webstube Drebkau unweit von Cottbus ausgestellt.

Überlieferte Volksbräuche wie Zapust und Zampern (sorbische Fastnacht), Hahnrupfen, Osterfeuer, Johannisreiten in den Gemeinden rings um Cottbus locken stets Tausende schaulustige Besucher an. Beim bunten Zapust ziehen junge Menschen in sorbischer Tracht von Haus zu Haus, begleitet von einer Musikkapelle und geleitet vom Träger eines Rutenbesens, der den Winter ausfegt. Oft habe ich es selbst erlebt, daß kein Auge trocken bleibt – sei es vor Heiterkeit, sei es vor Rührung. Mit kräftigem Singsang »Zampa, zampa in der Gasse, füllt den Branntwein in die Flasche« oder »Eier in den Kober, Geld in die Tasche, laßt mich nicht zu lange stehn, wir wollen heut' noch weitergehn« werden die Honoratioren des Ortes um eine handfeste Gabe gebeten, die am Abend im Dorfkrug verjubelt wird. Traditionelle Gerichte vom Frischgeschlachteten stehen dabei hoch im Kurs: Leberwurst, Fleischwurst, Schinken, Grützwurst, Hackepeter, Wellfleisch, Schmalz und Wurstbrühe. Wohl schmecken lassen sich die Zamperer aber auch saure

Gurken, Kartoffelsalat mit Leinöl und Heringsstücken oder eine Riesenpfanne Rührei mit gebratenem Speck.

Die jüngste Cottbuser Errungenschaft in Sachen sorbischer Traditionspflege und bürgerfreundlichen Bauens gleichermaßen findet sich mitten im Herzen der Stadt und trägt die Bezeichnung »Wendisches Viertel«. Sofern Sie erst jetzt stutzig werden, weil bereits an anderer Stelle von Sorben und Wenden die Rede war, möchte ich Sie aufklären: Keine zweite Bevölkerungsgruppe verbirgt sich hinter den Wenden. Doch weil die Sorben vor allem in der Niederlausitz seit Jahrhunderten volkstümlich als »Wenden« bezeichnet worden sind, wurde dieser Begriff, wenn er auch Ansprüchen wissenschaftlicher Exaktheit nicht standhält, auf das attraktive Wohngebiet in der Innenstadt übertragen. Dem Wendischen Viertel nördlich des Altmarktes ist die Monotonie herkömmlicher und gegeneinander austauschbarer Neubaugebiete fremd. Hier zwischen der Kloster- und Oberkirche, zwischen Wendenstraße und Oberkirchplatz laden idyllische Straßen und Gassen ein zum Schlendern durch die Cottbuser Altstadt. In der Klosterkirche, die wegen ihrer in vergangenen Zeiten durchgeführten sorbischen Gottesdienste auch als »Wendische Kirche« bekannt ist, hatte einst Luthers Mitstreiter Johannes Briesmann (1488 – 1549) gepredigt. Noch bevor sich im Jahre 1537 die Reformation in Cottbus durchsetzte, machte Johannes Briesmann aus seinem evangelischen Bekenntnis kein Hehl. Schon 1522 schrieb er:

»... habe ich mich beflissen, etliche Irrsal von dem freien Willen und guten Werken, von dem Ablaß und anderen schädlichen Dingen, die durch die Werkelehrer dem Volk eingebildet sind, auszurotten und habe einen Unterschied zwischen Gottes Wort und Menschensatzung, ja zwischen den rechtschaffenen guten Werken und den gefärbten und gleißenden Werken gemacht.«

In den neu errichteten Wohn-Geschäftshäusern des Wendischen Viertels mit ihrer eigenwilligen Architektur erregen die Schaufenster kleiner Läden die Aufmerksamkeit der Passanten. Ein Fleischer hat hier ebenso sein Domizil gefunden wie der Spielzeugladen »Bummi«. Im Töpferturm ist ein Jugendklub zu Hause, dessen heiße Rhythmen und Debatten umfassendes Veranstaltungsprogramm sich längst herumgesprochen hat. An der Ecke zum Oberkirchplatz verspricht ein Eiscafé kühle Genüsse. Die meisten Straßen sowie Versorgungseinrichtungen tragen sowohl deutsche als auch sorbische Bezeichnungen, die noch beim abendlichen Laternenschein gut erkennbar sind.

Blühendes Prunkstück im Stadtzentrum zwischen Altmarkt und Mönchsgasse ist die Sonnenuhr. Schon lange vor der Grundsteinlegung des Wendischen Viertels erfreute sie die Cottbuser und ihre Gäste. Alljährlich wird ihr »Zifferblatt« mit einem neuen, heimatverbundenen Zweizeiler aus bunten Blumen geschmückt. Die Reimeschmiede sind die Cottbuser selbst. Zur 825-Jahr-Feier ihrer Stadt ließen sie ihrer Reimeslust freien Lauf, angeregt durch ein Preisausschreiben in der Lokalpresse.

»Altes Cottbus – schön wie nie,
junge Stadt voll Energie!«

eröffnete 1981 diese GESAMMELTEN WERKE, die durchweg Optimismus ausstrahlen.

»Alte Stadt, neu erwacht,
darum uns die Sonne lacht.«

Daß jeweils etwa 2630 Blumen für die Gestaltung der Sonnenuhr gepflanzt und gepflegt werden müssen, war dem schöpferischen Spaß der Landschaftsgärtner gerade an diesem Objekt niemals abträglich. Heimatliebe und Stadtverschönerung, Motivation und Pflicht sind hier ideal vereint. Der Fundus von über 500 vorliegenden Sonnenuhr-Versen, aus dem Jahr für Jahr ein neuer ausgewählt werden kann, bietet die Gewähr für weitere prächtige Sprüche – ein halbes Jahrtausend lang.

Großer Stil im Kleinen

Keinesfalls übertrieben ist die Behauptung, daß Cottbus auch seine architektonischen Reize hat. Das neue Stadtzentrum mit der Stadtpromenade und ihren Wasserspielen, der kühn geschwungenen Fußgängerbrücke, der sinnvollen Einordnung alter Stadtmauerreste in das Ensemble von Neubauten trugen seinem Schöpferkollektiv um Prof. Dr. Gerhard Guder den Nationalpreis der DDR ein.

Baustile der Vergangenheit und die Spuren ihrer großen Baumeister finden Sie ebenso, wenn auch meist im Detail. Die Zinnenkrone des Spremberger Turms entstand auf Empfehlung des Schinkelschen Baubüros. Ein Biedermeierhaus steht in der Lieberoser Straße 7. Auf Anregung Gottfried Sempers entstand um 1850 die Terrasse vor dem Schloß Branitz. Dem dänischen klassizistischen Bildhauer Bertel Thorvaldsen verdanken die Cottbuser die Reliefmedaillons mit antiken Motiven hinter der Pergola vor Pücklers einstigem Wohnsitz.

Das Schloß Branitz selbst wurde schon 1772 im barocken Stil erbaut. Seine vordere Fassade bestimmt ein Mittelrisalit mit abschließendem Giebeldreieck. Dieser Giebel wird von dem gräflich-pücklerschen Wappen, getragen von Stuckgirlanden, geschmückt. Das noch aus der Bauzeit des Hauses original erhaltene Musikzimmer im Zopfstil enthält reichliche Stuckzier in Form arrangierter Musikinstrumente und zählt zu den schönsten Räumlichkeiten des Schlosses. Die Nebengebäude Marstall und Kavalierhaus wurden nach englischem Vorbild im neugotischen Stil umbaut.

Barocke Bauten, vor allem Bürgerhäuser, finden sich auch im Herzen der Stadt, am Altmarkt. Er ist in den letzten Jahren wie die gesamte Innenstadt zielgerichtet rekonstruiert worden. In das Haus Nr. 22 zog die Weinstube »Targowischte« ein, benannt nach der bulgarischen Stadt, zu der Cottbus seit vielen Jahren freundschaftliche Beziehungen unterhält. Das Haus Nr. 24 beherbergt ein altes Apothekengebäude, dessen Offizin ein Kreuzgewölbe ziert.

An die Baukunst des Mittelalters erinnert unter anderen der Münzturm, der älteste erhaltene Turm der ehemaligen Stadtbefestigung. Vom 15. bis 17. Jahrhundert diente er als Prägestätte. Hier sollen auch seit 1483 die »Cottbuser Heller« geprägt worden sein. Wie die ältesten Cottbuser Münzen, Brakteaten um 1300, zeigen sie den Krebs als Wappentier der Herren von Cottbus. Auf der 1603 gesetzten Wetterfahne des Münzturmes können Sie noch heute den Krebs sehen.

Seit dem 19. Juni 1988 ziert den im zweiten Weltkrieg zerstörten Turm der Oberkirche wieder eine barocke Turmhaube. Ein jahrzehntelanges Sicherungs- und Wiederaufbauwerk unter Betreuung des Instituts für Denkmalpflege wurde damit gekrönt. Jetzt kann man glauben, die einstige Stadtsilhouette wiederzuerkennen. Die dreischiffige gotische Hallenkirche mit acht Pfeilerjochen aus dem Jahre 1468 ist nicht nur wegen ihrer architektonischen Schönheit und der dort stattfindenden Konzerte Anziehungspunkt für zahlreiche Cottbuser und Touristen geworden. Auch die Möglichkeit, ihren Kirchturm über schmale Wendeltreppen zu erklimmen und auf einer Aussichtsplattform den Blick über die Stadt schweifen zu lassen, lockt Besucher an. Aus luftiger Höhe können Sie eine ganze Menge interessanter Baudenkmale entdecken. Immerhin enthält die Cottbuser Kreisdenkmalliste weit über 115 Positionen aller Kategorien.

Die bedeutendste Sehenswürdigkeit aber entzieht sich Ihrem Blick aus der Vogelperspektive. Doch das ist nicht weiter schlimm, denn aus der Nähe haben Sie viel mehr davon. Ich spreche vom Theater der Stadt. Der imposante Jugendstilbau am Schillerplatz zählt in seiner Gattung zu den einmaligen Bauwerken einer Stilepoche, die ohnehin nicht über die Grenzen Europas hinausreichte. Ein weiterer berühmter, im Jugendstil ausgeführter Theaterbau in Deutschland, das erst 1914 von Henry van de Velde erbaute Werkbund-Theater in Köln, steht längst nicht mehr.

Der Wunsch des mit der Entwicklung der Textilindustrie zu Wohlstand gelangten Bürgertums nach einem repräsentativen Theater hatte nach der Jahrhundertwende greifbare Formen angenommen. So griff die Cottbuser Stadtverordnetenversammlung den Vorschlag einer vom Magistrat eingesetzten Theaterkommission zum Theaterneubau auf. Nach einem Architekturwettbewerb entschied sich der Magistrat als Bauherr für den Entwurf des Berliner Architekten Bernhard Sehring (1855 – 1941). Sehring hatte sich schon durch andere Bauten in Berlin, Düsseldorf und Bielefeld einen Namen gemacht. Mit dem Cottbuser Theater aber erbrachte er seine klarste und reifste schöpferische Leistung.

Wenn heute festgestellt wird, »daß dieses Theater ... ein erstrangiges Zeugnis des sezessionistischen Spätjugendstils ist, dessen Architektur uns auf eine ganz besondere Weise auf das eigentliche Theatererlebnis heiter-festlich einstimmt«, so ist damit das Wesen des Jugendstils treffend gekennzeichnet. In der Folge der »Art Nouveau« und des »Style Moderne« strebten die Jugendstilkünstler zwar Exklusivität an, doch mit dem Eindringen der Kunst in den Alltag begann sich zugleich das Kunst-für-alle-Denken abzuzeichnen.

Nach nur sechzehnmonatiger Bauzeit hob sich am 1. Oktober 1908 zum ersten Mal der Vorhang zur Aufführung von Gotthold Ephraim Lessings Komödie »Minna von Barnhelm«. Ihr war ein Festakt mit Friedrich Schillers »Wallensteins

Lager« vorangegangen. Ich bin mir ganz sicher, daß dies Schiller zuliebe geschah und nicht wegen Wallensteins Lager in Cottbus anno 1626 oder 1633 ... Sie erinnern sich doch?

Daß den Cottbusern das Große Haus des Theaters der Stadt erhalten geblieben ist, verdanken sie dem schnellen Einrücken der sowjetischen Truppen am 22. April 1945 in Cottbus. Die Faschisten hatten hier in den letzten Kriegsmonaten Panzerfäuste, Handgranaten und andere Munition eingelagert. Der einzigartige Jugendstilbau sollte gesprengt werden. Erst vierzig Jahre später wurden Einzelheiten der Rettungsaktion bekannt. Ein mit der Zerstörung beauftragter Volkssturmmann, der SPD-Genosse und Antifaschist Paul Geiseler, hatte die geplante Sprengung hinausgezögert und seine Leute beim Auftauchen der ersten sowjetischen Panzer antreten lassen, statt sie zum sinnlosen Widerstand aufzufordern. Weil er von dieser beherzten Tat wenig Aufhebens machte, konnte das Rätsel um den unbekannten Cottbuser erst nach seinem Tod im Jahre 1985 durch einen Neffen gelöst werden.

Zu diesem Zeitpunkt war das Theater erneut in den Blickpunkt der Öffentlichkeit gerückt. Wegen umfassender Rekonstruktionsarbeiten war es schon eine ganze Weile geschlossen gewesen, und ganz Cottbus fieberte der Wiedereröffnung entgegen. Am 1. Oktober 1986 war es dann soweit: Der Vorhang öffnete sich für den »Rosenkavalier« von Richard Strauss. Mit diesem feierlichen Höhepunkt fand das großzügige Unternehmen einer volksverbundenen Sozial- und Kulturpolitik seinen würdigen Abschluß.

Musik, Musen und Museen

Heute beschränkt sich das kulturelle Leben in Cottbus längst nicht mehr auf das Theater mit seinem Großen Haus und den 1957 eröffneten Kammerspielen. Schon am 31. Dezember 1929 hielt als Silvesterknüller der Tonfilm mit dem deutsch-amerikanischen Streifen »Atlantik« in Cottbus Einzug. Mittlerweile verfügt die Stadt über drei Lichtspieltheater.

Zahlreiche Stadien, Sportplätze und Freibäder locken nicht nur Sportbegeisterte an. Im Friedrich-Ludwig-Jahn-Schwimmstadion finden regelmäßig Rockkonzerte unter freiem Himmel statt. Mit 1500 ständigen Plätzen, die bei entsprechenden Veranstaltungen auf 2700 erweitert werden können, ist die Cottbuser Stadthalle einer der größten Kultur- und Sportpaläste der Lausitz. Eröffnet wurde sie am 3. Oktober 1975.

Ein »Veranstaltungszentrum Cottbus« hat sich etabliert. Unter seiner Regie wurden alte Volksfeste kräftig belebt. Neue Unterhaltungsprogramme und -serien erfreuen die Cottbuser. Mit dem »Sommer an der Spree« starteten verschiedene Veranstalter eine kulturelle Offensive für die sogenannte Sauregurkenzeit. Jeden Mittwoch im Sommer spielen auf dem Platz vor der Volksbuchhandlung »Jenny

Marx« beliebte Musikkapellen wie die »Original Spreewaldmusikanten« oder das Stabsmusikkorps der Luftstreitkräfte/Luftverteidigung liebliche Volksweisen oder zackige Märsche. Musikliebhaber kommen hier voll auf ihre Kosten.

Seit einem Vierteljahrhundert sprechen Kenner ehrfurchtsvoll vom »Cottbuser Musikherbst«, der alljährlich im Oktober namhafte Klangkörper und Interpreten aus aller Welt anzieht. Auch Cottbus hat der Welt hervorragende Musiker geschenkt. Der Tenor der Dresdner Semperoper Kammersänger Klaus König hatte sein erstes Engagement am Theater der Stadt Cottbus. Er singt heute die großen Wagnerpartien in Paris, London, Frankfurt/Main und Edinburgh und war auch Gast der Mailänder Scala. Die Rockgruppe G.E.S. gastierte bereits in 17 Ländern. Unter der Leitung des weltberühmten Geigers und Dirigenten Yehudi Menuhin musizierte die junge Cottbuser Geigerin Antje Weithaas.

Die erste Geige unter den jährlich 600 Volksfesten im ganzen Bezirk aber spielt in Cottbus neben den Feiern zum 1. Mai und zum Tag des Berg- und Energiearbeiters das alljährlich im Frühsommer stattfindende Pressefest der »Lausitzer Rundschau«, der meistgelesenen regionalen Zeitung. Als »Bunter Samstagabend« 1953 in den einstigen Stadtsälen mit nur 800 Besuchern gestartet, empfängt das Pressefest heute seine über 100 000 Gäste auf dem eigens dafür geschaffenen Pressefestgelände am grünen Spreeufer unweit vom Tierpark.

»Mit der LR auf du und du« haben sich die Journalisten ein anspruchsvolles Motto für volksverbundene Information und Argumentation gegeben. Die rege Nachfrage nach dem Leib- und Magenblatt der Lausitzer scheint ihnen recht zu geben. Wissen doch die Cottbuser, daß sie in der LR einen streitbaren Partner für ihre Interessen, die großen wie die kleinen, finden.

Gern erinnere ich mich an jene Artikelserie Anfang der 70er Jahre, als die »Lausitzer Rundschau« mit scharfer Feder gegen das wenig schmackhafte Brot der Großbäckerei zu Felde zog. Ein Thema, das die Gemüter erregte. In der Auseinandersetzung mit Einwänden von der Art »Die Großproduktion ermöglicht keine bessere Qualität« gelang es der »Lausitzer Rundschau«, den Ehrgeiz der Werktätigen der Backindustrie anzustacheln. Seit jener Zeit ist das knusprige Brot aus der Cottbuser Brotfabrik eine Delikatesse und findet auch bei den Gästen Anerkennung.

Zeitungen, die die Gemüter bewegen, gab es in Cottbus schon vor über 360 Jahren. Das ist um so bemerkenswerter, als aus jenen Zeiten nur wenige Mitteilungsblätter mit dem Wort »Zeitung« im Titel bekannt sind. Zwar erschien schon 1502 in Deutschland eine »Newe Zeytung von orient und auffgange«, doch die bisher älteste Tageszeitung der Welt, »Ein kommende Zeitungen«, kam erst 1650 in Leipzig heraus. Die »Richtige warhafftige und ungefälschete wunderliche Zeitung ... zu Cotbuß« ließ der Archivar Bunthschönius anno 1629 drucken.

Der Tradition verpflichtet fühlen sich auch die Organisatoren des »Lausitzer Herbstmarktes«, eines weiteren beliebten Volksfestes im Oktober. Aus dem gesamten Bezirk treffen dann in Cottbus Vertreter verschiedener Handelseinrichtungen, Handwerker und Gewerbetreibende ein. An originell gestalteten Ständen bieten sie ihre Ware feil: ausgesuchte Töpfereiartikel und Korbwaren, frisches

Leinöl und hausschlachtene Wurst, saure Gurken vom Faß und Zwiebelzöpfe. Und selbstverständlich auch Meerrettich.

Der »Lausitzer Herbstmarkt« ist die alljährliche Krönung der traditionellen Cottbuser Wochenmärkte. Zu ihnen strömen aus den Dörfern rings um Cottbus vom Frühjahr bis zum Herbst dreimal wöchentlich Bauern und Kleingärtner, um an schnell aufgestellten Tischen oder gleich aus dem Pkw-Hänger Blumen, Gemüse und Gewürze zu verkaufen. Märkte sind hier seit Jahrhunderten bekannt. Spezielle Schweinemärkte und sogar der einzige Karpfenmarkt Deutschlands wurden in Cottbus noch bis in die dreißiger Jahre hinein abgehalten.

Großer Beliebtheit in der Öffentlichkeit erfreuen sich heute auch die eigens von Betrieben, Einrichtungen und Massenorganisationen veranstalteten Feste mit ihrem unverwechselbaren Lokalkolorit: die Branitzer Parktage, das Fest der Textilarbeiter, die Carl-Blechen-Tage der Jugend, das Fest der Berg- und Energiearbeiter...

Es versteht sich von selbst, daß unter den Akteuren der Kulturprogramme Cottbuser Volkskunstkollektive vertreten sind. Das Arbeitertheater des Textilkombinates Cottbus und das Tanz- und Gesangsensemble der Bauarbeiter genießen einen ausgezeichneten Ruf. Nicht minder erfolgreich sind das Cottbuser Kindermusical und das Tanzensemble »Freundschaft« der Deutschen Post. Die vom Rat des Bezirkes unterstützte Indianistik-Interessengruppe »Ompah« begeistert mit ihren Reiterkunststücken und Vorführungen indianischer Lebensweise, wo immer sie auftritt. Der alte Karl May hätte an ihr seine helle Freude gehabt.

Starke Akzente im geistig-kulturellen Leben der Stadt Cottbus setzt nicht zuletzt der Kulturbund mit 43 Arbeitsgemeinschaften und Freundeskreisen. Von A wie Aquaristik bis Z wie Zinnfiguren gibt es kaum einen kulturellen Bereich, der nicht von engagierten Männern und Frauen aller Altersklassen und unterschiedlichster Berufe gepflegt wird. Der Kulturbund ist auf dem besten Wege, eine neue Cottbuser Veranstaltungstradition zu begründen: die »Cottbuser Tage des Kulturbundes« mit Ausstellungen, Foren, Werbeschauen.

Nun könnten Sie einwenden: Bei dieser Vielfalt kultureller Ereignisse in Cottbus muß man schon den richtigen Zeitpunkt erwischen, um daran teilzuhaben. Das stimmt durchaus. Selbst die Veranstaltungen im Theater der Stadt oder in der Stadthalle sind an Termine gebunden. Das ganze Jahr lohnt sich aber stets ein Besuch in den Cottbuser Museen. Das bereits erwähnte Schloß Branitz beherbergt seit 1946 das Bezirksmuseum Cottbus. Angefangen bei wertvollen Sachzeugen von den Anfängen menschlicher Besiedlung im Gebiet der Niederlausitz, wird hier ein regionalgeschichtlicher Bilderbogen bis zur Cottbuser Gegenwart entrollt. Zu den Attraktionen jedoch gehören zweifellos die 30 Gemälde und Zeichnungen des Wegbereiters der realistischen deutschen Landschaftsmalerei des 19. Jahrhunderts Carl Blechen (1798–1840).

Von seinen Kunstwerken, die auch in der Berliner Nationalgalerie sowie in bedeutenden Galerien Westberlins, der Bundesrepublik Deutschland und Österreichs bewahrt werden, zählen in der Cottbuser Exposition die Gemälde »Kreidefelsen auf Rügen«, »Berggipfel im Harz«, »Sandweg« zu den berühmtesten. Die früheste Arbeit Carl Blechens in der Cottbuser Sammlung ist eine Kinderzeichnung des Achtjährigen aus dem Jahre 1806.

Weitere Abteilungen des Bezirksmuseums widmen sich den Braunkohlevorkommen der Niederlausitz und den Problemen der Landschaftsveränderung durch die Braunkohlentagebaue. In einem zoologischen Kabinett sind Präparate der einheimischen Tierwelt ausgestellt. Die Stilräume des Schlosses präsentieren unter anderem Musikinstrumente und Gegenstände aus der orientalischen Sammlung des Fürsten von Pückler-Muskau. Einzigartig ist die Bronzeskulptur der Machbuba, die eine reichverzierte Uhr trägt.

Nur wenige Schritte vom historischen Altmarkt entfernt, befinden sich in der Spremberger Straße die erst 1977 gegründeten Staatlichen Kunstsammlungen Cottbus. Schon in der kurzen Zeit ihres Bestehens haben sie sich zu einem Kunstmuseum von nationalem Profil entwickelt. Sie sammeln Gemälde, Plastiken, Zeichnungen, Druckgrafiken, Plakate und Fotografien aus der deutschen Kunst des 20. Jahrhunderts und Kunst der DDR. Das Haus präsentiert in drei Etagen eine ständige Ausstellung mit Gemälden und Plastiken des 20. Jahrhunderts, eine ständige Ausstellung Plakat und Fotografie mit wechselnden Exponaten aus eigenen Beständen sowie vielfältige Sonderausstellungen. Bedeutende Vertreter der nationalen bildenden Kunst des 20. Jahrhunderts sind mit wichtigen Arbeiten in der ständigen Ausstellung vertreten. Darunter befinden sich Werke der Maler und Grafiker Bernhard Heisig, Hans Jüchser, Wilhelm Lachnit, Carl Lohse, Wolfgang Mattheuer, Otto Niemeyer-Holstein, Theodor Rosenhauer, Willi Sitte und Karl Völker. Von den Bildhauern gehören Theo Balden, Wieland Förster, Werner Stötzer und viele andere zu den profilierten Künstlern, die hier präsent sind. Natürlich fehlen auch nicht die im Bezirk Cottbus beheimateten bildenden Künstler.

Die Attraktivität des Kunstmuseums hat sich mit einem Galerie-Café weiter erhöht. Es dient nicht nur als gastronomische Einrichtung für die Besucher, sondern auch als Stätte von Kunstgesprächen mit Brigaden und anderen Kollektiven. Von hohem Reiz ist der im Entstehen begriffene Plastikpark im Innenhof des Gevierts Spremberger Straße/Altmarkt/Scharrengasse/Mühlenstraße, zu dessen Terrasse es einen unmittelbaren Zugang vom Galerie-Café gibt. Hier kann man, vor allem in der schönen Jahreszeit, einen Kaffee im Freien zwischen Bäumen, Blumen und Plastiken trinken. Hier ist auch ein geeigneter Ort für anspruchsvolle Sommerkonzerte und andere interessante Veranstaltungen.

Mit der Spree nordwärts

Schön zu jeder Jahreszeit sind die ausgedehnten Parks und Grünanlagen rechts und links des Spreelaufs, der die ganze Stadt von Süden nach Norden durchschlängelt. Mit einem statistisch ermittelten Anteil von 40 Quadratmetern Grünfläche je Einwohner kann Cottbus zu den spaziergängerfreundlichsten Bezirksstädten unseres Landes gerechnet werden. Die reizvollsten Wanderwege erschließen sich Ihnen an den Ufern der Spree, deren Wasser in alten Zeiten gerühmt wurde.

»Das Wasser der Spree, mithin auch des daraus entspringenden Priorflußes, ist weich, und daher zur Tuchwalke, zur Färberey und zu den Lederarbeiten wohl zu gebrauchen. Der Spreestrohm führet eine Menge Fische, als Karpfen, Gesen, Hechte, Quappen, Karutzen, Gibeln, Gründlinge, Ukeley, Rothaugen usw. mit sich, von welchen bereits Willichius angemerket, daß sie wegen des Spreewaldes ein dichteres und wohlschmeckenders Fleisch haben, weil dem Wasser von der beygemischten Elsenrinde eine zusammenziehende Kraft mitgetheilet wird, welche den Fischen diese verbesserte Eigenschaft gibt.«

So lobte Christian Carl Gulde, 3. Bürgermeister von Cottbus, 1787 in seinen »Gesammelten Nachrichten zur Geschichte der Stadt und Herrschaft Cottbus« den lebensspendenden Strom. Heute, zwei Jahrhunderte später, kann keiner mehr mit Gewißheit sagen, was sein Wasser alles zusammenzieht – sicher auch die Sorgenfalten auf der Stirn umweltbewußter Mitbürger. Doch zu Schwarzmalerei besteht noch kein Grund. Fische tummeln sich noch immer im Wasser; Schwäne und Entenfamilien bevölkern die Ufer wie einst.

Folgen wir dem Lauf der Spree, die unter der Autobahnbrücke Cottbuser Gebiet erreicht, so nähern wir uns schon bald dem Volkspark Madlower Schluchten. Inmitten dieser ausgedehnten Landschaftsanlage mit Wanderpfaden und Laufstrecken für Meilenlaufenthusiasten erstreckt sich ein zweieinhalb Hektar großer See. Vor bald zwei Jahrzehnten, 1972, wurde er als erster Cottbuser Badesee eingeweiht. Mehr als 14 000 freiwillige Helfer hatten in echter Volksinitiative die Arbeiten in der Umgebung von Kiefernwäldern unterstützt, Wege angelegt und 100 Bänke aus längshalbierten Baumstämmen aufgestellt. Einen großen Bogen schlagend, strömt der Fluß vorbei am Branitzer Park, dessen Pflanzungen heute den Höhepunkt ihres Wachstums und ihrer künstlerischen Wirkung erreicht haben, und am Cottbuser Tierpark.

1954 entstand dieser Zoo zunächst als bescheidenes Domizil für knapp 30 oder 40 einheimische Tiere – Wildschweine, Rehe, Fasane, Greifvögel und Enten. Inzwischen mauserte er sich zu einem der neun international bekannten Tierparks und Zoologischen Gärten der DDR mit 1000 Tieren. Beeindruckende Zuchterfolge gab es unter anderem 1966 mit den ersten Servalen und 1977 mit den ersten in der DDR aufgewachsenen Chileflamingos. Wasservögel sind die Spezialstrecke des Cottbuser Tierparks, obwohl Sie hier auch Löwen, Affen, Bisons und Elefanten vorfinden.

So alt wie der Tierpark ist die Pioniereisenbahn. Ihre Streckenführung wurde 1958 auf 2,1 Kilometer verlängert. 1960 erhielt sie die erste Diesellok. Doch die alte Dampflok, im Volksmund liebevoll »Puffer-Billy« genannt, rollt noch immer. Bei einer Fahrt mit der Bahn können Sie den Bezirkspionierpark mit seinen 25 Blockhäusern und 1500 Rosenstöcken inmitten gepflegter Grünanlagen bewundern.

Die Pressefestwiese und den Eliaspark am rechten Ufer hinter sich lassend, unterquert die Spree einen schmalen Steg, die Ludwig-Leichhardt-Brücke. Benannt wurde sie nach dem berühmten Australienforscher, der 1813 in Trebatsch am Schwielochsee das Licht der Welt erblickte und einige Jahre als Schüler das Cottbuser Gymnasium besuchte. 1848 kehrte er von einer Ost-West-Durchquerung des fernen und damals noch unerschlossenen fünften Kontinents nicht mehr zurück und gilt seither als verschollen.

Welche berühmten Persönlichkeiten dem Goethe- und dem Blechenpark links und rechts der Spree ihren Namen gegeben haben, wissen Sie natürlich längst. Leider hatte der Dichterfürst aus Weimar nie Lust verspürt, einmal nach Cottbus zu kommen. Ob er dem bereits zitierten »Realen Staats-, Zeitungs- und Conversationslexikon« seiner Zeit entnommen hat, daß ein Besuch bei den Leuten an der Spree »11 Meilen von Dreßden« nicht verlohne?

Noch während wir uns in Vermutungen ergehen, sind wir an der Sandower Brücke angelangt. Sie verbindet die Altstadt mit dem ersten Neubaugebiet Sandow, das auf historischem Boden errichtet wurde. Einst »Arbeitervorstadt« und in jeder Beziehung benachteiligt, hatte das rote Sandow 1920 den Kapp-Putschisten erfolgreich Widerstand geleistet. Die neuen Straßenzüge tragen Namen von Lausitzer Arbeiterführern und Antifaschisten: Rudolf Rothkegel, Michael Bey, Albert Förster, Georg Dix, Bruno Dickhoff. Vom ersten und am schönsten gelegenen Neubaugebiet der Stadt aus eröffnet sich uns nach Straße und Schiene von und nach Cottbus nun auch ein Wasserweg. Am Bootsverleih an der Sandower Brücke setzen wir uns in einen originalen Spreewaldkahn und gleiten am Sanzeberg-Ufer und Käthe-Kollwitz-Park mit dem unübersehbaren Rodelberg vorbei. Unter ihm lagert der Müll unserer Vorfahren. Der bepflanzte, im Sommer grüne Ascheberg ist damit ein symbolträchtiger Beweis für die Tatsache, daß nicht nur Pückler Berge zu versetzen und Pyramiden zu bauen vermochte.

In der über 800jährigen Geschichte der Stadt haben erst die letzten 20 Jahre ihre Schönheit voll zum Erblühen gebracht. Auf dem Wasserwege nähern wir uns der letzten Sehenswürdigkeit im Cottbuser Norden, der Spreewehrmühle, und erfreuen uns des frischen Aussehens des technischen Denkmals. Das Wasserrad der erst in jüngster Zeit rekonstruierten unterschlächtigen Flußmühle aus vergangenen Tagen dreht sich bei Schauvorführungen wie einst.

Rauschender Abschied

Am Großen Spreewehr schickt sich der Fluß an, Cottbus zu verlassen. Auch das Wehr ist ein imposanter Neubau auf einer künstlichen Insel, angelegt als wasserwirtschaftlich notwendig gewordenes, doch umweltfreundliches Objekt. Es löste seine Vorgänger ab, von denen Bürgermeister Gulde schrieb:

»Unweit der Stadt ist ein Wehr, welches das Wasser dieses Flusses durch einen Graben nach Peitz zu den Karpfenteichen, und zum Eisenwerk daselbst, zwinget; daher auch einige vermeynet, daß der Spreestrohm bey der Stadt Peitz vorbey fließe. Von diesem Wehr und Freyarche, durch welche in einer Secunde 10 000 Cubikfuß Wasser abfließen können, hat Hr. Silberschlag eine Nachricht gegeben, auch vier Fluther desselben in einer Zeichnung dargestellt. Dieses Spreewehr ist im Jahr 1766, da das alte baufällig ward, gebauet worden.«

In Richtung Peitz fließt nur der Hammerstrom. Die Spree aber zieht unbeirrt ihren Weg nach Burg im Spreewald. Die flächenmäßig größte Gemeinde der DDR ist von allen Spreewaldortschaften der Bezirksstadt am nächsten gelegen. Mit nur etwa 4000 deutschen und sorbischen Einwohnern breitet sie sich über ein Gebiet von 55 Quadratkilometern aus, beansprucht sogar noch mehr Fläche als Cottbus. 120 Kilometer Wasserwege durchziehen die Gemeinde, über 76 Brücken muß man gehen... Gewissermaßen ein Klein-Venedig vor der Haustür von Cottbus.

Ein Vergleich mit der berühmten Lagunenstadt im Norden Italiens ist nicht reizlos, denn ihre mehr als 100 Inseln sind durch fast 400 Brücken miteinander verbunden, unter denen ebenfalls Kähne dahingleiten. Allerdings zählt Venedig über einhundertmal soviele Einwohner wie Burg im Spreewald. Also hätte die Spreewaldgemeinde mit ihrer »Pro-Kopf-Quote« an Brücken berechtigte Aussichten, in das Guinness-Buch der Rekorde aufgenommen zu werden. Jedenfalls sind die Cottbuser stolz auf ihr Burg. Es ist für sie eine zweite Heimat geworden – und sei es nur am Wochenende.

Wenn es mir gelungen ist, Ihr Interesse an Cottbus und seiner Umgebung bis hierher zu fesseln, so sollte es mich freuen. Ob auch Ihnen der Abschied aus Cottbus mittlerweile schwergemacht worden ist, können Sie sicher besser einschätzen. Ich hoffe jedenfalls, daß Sie mit angenehmen Erinnerungen scheiden und Lust zu neuen Besuchen bekommen haben.

Am Großen Spreewehr endet unsere Kahnpartie. Wenn Sie im Sommer auf der Terrasse der HO-Gaststätte »Spreewehrmühle« am rauschenden Wehr sitzen und die stillen Spreewälder Fließe unwiderstehlich locken, dann lassen Sie sich nicht aufhalten. Als »Tor zum Spreewald« öffnet Cottbus Ihnen viele Wege. Per Auto, Fahrrad, Eisenbahn...

PS. Viel Vergnügen beim Betrachten der Bilder!

BAHNHOF CO

BAHNHOF COTTBUS
64

TTBUS

Verkehrs Nr.
ZH 85-28
ZL 69-72

Kaufhalle

JUGEND CLUB

KAUFHALLE
HO
Softeis

25
25
25

25
356

BACK- UND KONDITORWAREN
EFFEKT
EFFEKT

ADRETT

48
49

50
51

P

52
53

cottbus-information

1896

60
61

64
65

ZDM 1-86

HOTEL LAUSITZ

AM
STADTTOR
HG

70
71

IM DIENSTE DES KUNDEN
SOMMER BUNTE ANGEBOTE
SOMMERMARKT

72
73

TEESTUBE ЛИПЕЦК

HOTEL LAUSITZ
H

78
79

APOTHEKE
APOTHEKEN MUSEUM
HO

cubana

86
87

88
89

RAUMFLUGPLANE ARIUM
JURI GAGARI

90
91

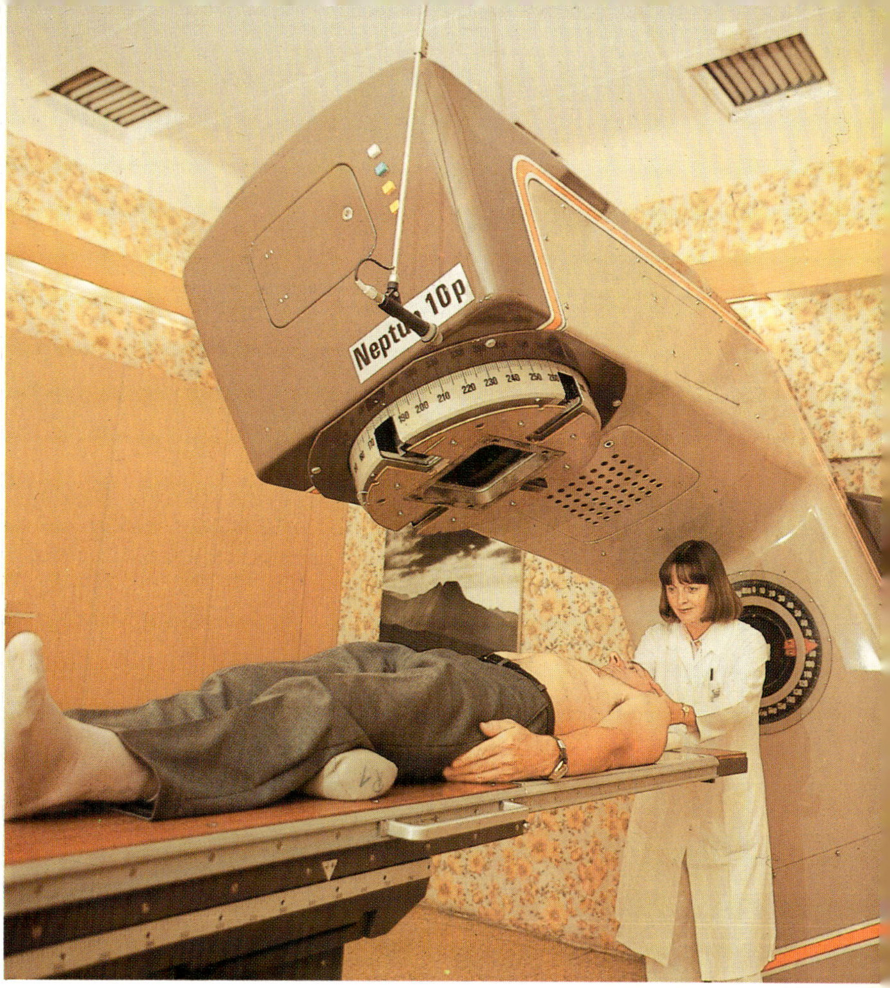
10p

96
97

100
101

SIE
UNS
IM
TIERPARK
COTTBUS
BESUCHEN

102
103

104
105

HIER STAND DAS GEBÄUDE·
IN DEM DER MILITÄRISCHE STAB
DER REVOLUTIONÄREN ARBEITERWEHR
COTTBUS UND UMGEBUNG ARBEITETE
UND DEN KAMPF GEGEN
LÜTTWITZ UND KAPP IM MÄRZ 1920
SIEGREICH FÜHRTE·

LOTTO IM DAUERSPIEL

WIR GRÜSSEN
DIE TEILNEHMER
DES VIII. TURN- UND
SPORTFESTES
UND DER XI. KINDER-
UND JUGENDSPARTAKIADE
DER DDR
COTTBUS

FAN-CLUB
DREBKAU

POLAND '86
Pirat

110
111

Bildtexte

113
Entenjagd im Peitzer Teichgebiet
Jagdhornbläser
Im Schwimmstadion »Friedrich Ludwig Jahn«
114 · 115
Gerichtsgebäude
Gerichtsturm
116 · 117
250jährige Gerberhäuser am Mühlengraben
Sandower Hauptstraße 12 nach der Rekonstruktion
Altes Elektrizitätswerk
118 · 119
Durchgang in der Stadtmauer zur Münzstraße
Münzturm
Stadtmauer an der Münzstraße
Am Tuchmacherbrunnen
120 · 121
Kupfertreibarbeit »Mensch und Messen« von Klaus Gäbler
»Gestählte Kämpfer« von Gerhard Thieme auf dem Karl-Marx-Platz
Ausstellung im Haus der Nationalen Volksarmee
Hubschrauberführer aus dem Truppenteil »Ferdinand von Schill«
122 · 123
Bildungszentrum
Hauptgebäude der Ingenieurhochschule
Bibliothek
Vorfertigung im Technikum
124 · 125
Bildungszentrum
Aula des Instituts für Lehrerbildung
Schwimmhalle
Computerkabinett
Sportjugend
126 · 127
Bildungszentrum
Studentenwohnheim mit »Brunnen des Friedens« von Walter Heinrich
Mensa
Im Neubaugebiet Schmellwitz
128 · 129
Kraftwerk der Jugend »Wilhelm Pieck« Jänschwalde am Stadthorizont
130 · 131
Stele »Energie« gegenüber dem VEB Energieversorgung
Kraftwerk der Jugend »Wilhelm Pieck« Jänschwalde
Haupteingang
Blockwarte
Energietransport
132 · 133
Kohle aus dem Tagebau Jänschwalde
134 · 135
Peitzer Karpfenzuchtteiche und Kraftwerk der Jugend
Peitzer Binnenfischer
Gurkenernte in der GPG »Floralia« Groß-Gaglow
136 · 137
Im Milchhof Cottbus
Ausbildung von jungen Afrikanern im VEB Textilkombinat Cottbus
Baumkuchenbäckerei im Stammbetrieb des Backwarenkombinates
Spirituosen von »Melde«
138 · 139
Branitzer Park
Blick von der »Grünen Brücke«
Insel mit dem Grabstein von Hermann Fürst v. Pückler-Muskau und seiner Gemahlin
Künstlerin im Park
Verträumtes Pärchen auf der Schilfseebrücke
Seepyramide mit der Grabstätte Pücklers
140 · 141
Branitzer Park
Blick über den Schwarzen See zum Schloß Branitz
Schloß Branitz
Aufgang mit Zinkgußgeländer
Musikzimmer
Leuchter im Speisezimmer
142 · 143
Branitzer Park
Parkschmiede mit Schauschmieden
Kavalierhaus mit Gaststätte
144 · 145
Pioniereisenbahn am Bahnhof »Zoo«
Im Bezirkspionierpark »Otto Grotewohl«

Bildtexte

76 · 77
Morgenstimmung
Teestube »Lipezk«
Silhouette der Lutherkirche
78 · 79
Hotel »Lausitz«
Stadthalle
80 · 81
Straßentheater »Die Gauklerfuhre«
Stadtbrunnen mit Emaillearbeit von Rudolf Graf
Platzkonzert am Stadtbrunnen
Altmarkt, Südseite
82 · 83
Café »Cubana«
Wasserspiele am Schillerplatz
84 · 85
Theater der Stadt
86 · 87
Theater der Stadt
Hauptportal
Puttigruppe
Kandelaber an den Obelisken
Pantherbiege auf dem Bühnenturm
Blumenkorb
88 · 89
Theater der Stadt
Blick in den Zuschauerraum
Kuppelfoyer
Majolikavase
Theaterbesucher
90 · 91
Raumflugplanetarium »Juri Gagarin«
92 · 93
Biedermeierhaus in der Lieberoser Straße
Rat der Stadt Cottbus
94 · 95
Bezirkskrankenhaus
Blick vom Patientengarten auf den Haupteingang
Linearbeschleuniger »Neptun 10p«
Computertomographie
96 · 97
Bezirkskrankenhaus
Brunnen im Patientengarten von Jürgen v. Woyski
Patientencafé
Spielzimmer in der Kinderklinik
98 · 99
Ludwig-Leichhardt-Allee
Raumflugplanetarium »Juri Gagarin«
Am Mühlengraben
100 · 101
Cottbuser Hochzeits-Hoch
Grüne Hoch-Zeit in der Karlstraße
102 · 103
Fassadengestaltung von Meinhard Bärmich in der Berliner Straße 111
Blumenverkauf in Ströbitz
Anlagen in der Wilhelm-Pieck-Straße/Ecke Gartenstraße
104 · 105
Sandow
Sandower Brücke
Otto-Thiele-Straße
Gedenktafel am Haus Sandower Hauptstraße/Ecke Heinrich-Rau-Straße
Sandower Apotheke
106 · 107
»Carl Blechen« von Jürgen v. Woyski
Blechenpark
Angler an der Spree
Bootsverleih an der Sandower Brücke
Kanuten auf der Spree
108 · 109
Radrennbahn im Max-Reimann-Stadion
Vorbereitung auf das Turn- und Sportfest
Leichtathletikmeisterschaften
Im Stadion der Freundschaft
Reitturnier in Sielow bei Cottbus
110 · 111
K-Wagen-Rennen auf dem Pressefestgelände
Im GST-Bezirksausbildungszentrum »Harro Schulze-Boysen« Neuhausen
112
Indianistikgruppe »Ompah«
»Pferde« von Dieter Graupner an der Gaststätte »Kleines Spreewehr«

Die Ziffern
beziehen sich auf
die Seitenzahlen

114
115

116
117

120
121

124
125

1986

KRAFTWERK JÄNSCHWAL
STAMMBETRIEB DES VE KOMBINATES BRAUNKOHLENKRAFTW
FDJ
KRAFTWERK DER JUGEND
Wilhelm Pieck

136
137

38 VOL%
Ährengold
COTTBUSER WEIZENDOPPELKORN
Melde
18,50 M
DOPPEL KORN
WAPPEN VON COTTBUS
Feiner Cottbuser Kornbrand
Melde

138
139

Fürst
Hermann
von
Pückler
1785-1871
Fürstin
Lucie
Muskau

TIERPARK

146
147

148
149

Gasthaus
Dubkow-Mühle

160
161

3500 t Frischgemüse

164
165

170
171

ZUR
POSTKUTSCHE

Uhren-Service
FIEDERMANN